人民法院案例选

CHINA LAW REPORT

2018年 第10辑 总第128辑

最高人民法院中国应用法学研究所/编

人民法院出版社

图书在版编目（CIP）数据

人民法院案例选．总第 128 辑 / 最高人民法院中国应用法学研究所编．—北京：人民法院出版社，2019．4

ISBN 978－7－5109－2495－8

Ⅰ．①人…　Ⅱ．①最…　Ⅲ．①案例－汇编－中国　Ⅳ．①D920．5

中国版本图书馆 CIP 数据核字（2019）第 066390 号

人民法院案例选　2018 年第 10 辑（总第 128 辑）

最高人民法院中国应用法学研究所　编

责任编辑　赵作栋
出版发行　人民法院出版社
地　　址　北京市东城区东交民巷 27 号（100745）
电　　话　（010）67550565（责任编辑）　67550558（发行部查询）
65223677（读者服务部）
客服 QQ　2092078039
网　　址　http://www.courtbook.com.cn
E－mail　courtpress@sohu.com
印　　刷　河北鸿祥信彩印刷有限公司
经　　销　新华书店

开　　本　787×1092 毫米　1/16
字　　数　222 千字
印　　张　12．5
版　　次　2019 年 4 月第 1 版　2019 年 5 月第 2 次印刷
书　　号　ISBN 978－7－5109－2495－8
定　　价　50．00 元

《人民法院案例选》
编审委员会委员

（按姓氏笔画为序）

《人民法院案例选》
编辑委员会

出版说明

《人民法院案例选》是最高人民法院最早创办的案例研究连续出版物，也是我国改革开放以后出版时间最早、延续时间最长、出版册数最多的案例研究书籍。创办二十多年来，《人民法院案例选》坚持“反映审判面貌，总结审判经验，研究审判理论，服务审判工作”的编选方针，突出“真实、全面、及时、说理”的编辑特色，从一个侧面记载了人民法院审判工作发展的轨迹，反映人民法院审判活动的面貌，展示了人民法院审判工作的成就，受到了学术界与实务界的普遍关注和喜爱，在全国法院、社会各界乃至国际上都产生了广泛的影响、取得了良好的声誉、得到了广泛的认可，成为法研所乃至最高人民法院的品牌性刊物。

随着法律界对案例分析和案例指导需求的增长，关于案例分析的书刊越来越多，竞争也越来越激烈。同时，也出现了很多问题。一是虽然平台增多，但缺乏集中性、系统性；二是虽然数量增大，但缺乏精选性、经济性；三是虽然来源多元化，但缺乏权威性，给法律工作者使用案例增加了难度。因此，《人民法院案例选》将作出符合读者期待的变化，改为月刊。

改版后的《人民法院案例选》将继续秉承“反映审判面貌、司法水平和指导审判工作并重”的编辑方针，形成“全面、及时、权威、开放”的编辑特色。考虑到最高人民法院发布、评析、编辑案例的权威性和说服力，改版后的《人民法院案例选》将全面收集最高人民法院以各种载体发布的各类典型案例，按照读者最普遍的阅读习惯重新编辑，按月集中展现在读者面前，形成“指导性案例”“公报案例”“审判指导与参考”“典型案例发布”等栏目。同时，《人民法院案例选》继续保留经典的“专题策划”“案例精析”栏目，展现各地法院的优秀案例和司法智慧。

此外，为增强互动性和可读性，《人民法院案例选》增设了“域外撷英”“过把瘾”“专家关注”等栏目。为发挥《人民法院案例选》培育思想、褒奖学术的理念，特推出“案香浮动”栏目，刊登某位法官的三至五个优秀裁判案例，挖掘其中裁判精髓，充分展现专家型法官的个人风采、人生经历、著述思想及对司法事业的热爱与贡献。

为进一步适应案例工作发展的新形势、新要求，提高案例的质量、编写与报送效率，《人民法院案例选》对案例编写报送体例做了部分修改和完善，具体要求请参阅“中国应用法学网”刊载的《〈人民法院案例选〉案例编写体例与报送规范》。

由于水平所限，本书在编辑过程中存在的不当之处，敬祈读者批评、指正。

编　者

二〇一八年一月

目录 / CONTENTS

人民法院案例选
2018 年第 10 辑 · 总第 128 辑

一、专题策划 · 人格权专题

二、典型案例发布

三、案例精析

刑 事

民 事

商 事

知识产权

海事海商

行政及国家赔偿

四、域外撷英

一、专题策划·人格权专题

编者按 党的十九大报告将保护“人格权”写入，不仅体现了我们党对人民权利的尊重和保护，对实现人的全面发展的不懈追求，更将使人格权保护进入新时代、提到新高度、获得新发展。

2018年8月，民法典各分编草案提交第十三届全国人大常委会第五次会议初审。草案共六编，即物权编、合同编、人格权编、婚姻家庭编、继承编、侵权责任编。草案首设“人格权编”，主要内容为六方面：人格权的一般规则，生命权、身体权和健康权，姓名权和名称权，肖像权，名誉权和荣誉权，隐私权和个人信息。

关于名誉权纠纷，《人民法院案件选》选编的“狼牙山五壮士案”曾引发了社会各界广泛的关注。此案充分体现了人民法院通过民事审判彰显社会价值、纯化道德风尚的积极作用，同时，也明确表达了我国司法在荣誉权和名誉权保护中的鲜明立场，以及人民法院司法裁判的范围。本辑再次选编三个涉及人格权纠纷的典型案例，折射出新时代人格权案件的新特点，希望能为广大读者提供有益的参考。

张灵芝、周淑芹等诉汤斌、李万杰等生命权、健康权、身体权纠纷案

——自发组织活动中注意义务的认定

关键词：民事 侵权责任 过错 注意义务 自甘风险

【裁判要旨】

注意义务既可来源于法定或约定的义务，也可来源于先行行为、公序良俗及诚实信用的原则。在实践中注意义务的程度和界限是动态的，需要通过对案件的具体情况进行综合把握。在判断是否违反相关注意义务时，既要符合理性人的合理标准，还要考虑避免危险的成本。此外，自甘风险作为侵权领域的免责事由，在适用时应注意其特殊的适用条件，同时与过错原则有所区分。

【相关法条】

《中华人民共和国侵权责任法》第六条 行为人因过错侵害他人民事权益，应当承担侵权责任。

根据法律规定推定行为人有过错，行为人不能证明自己没有过错的，应当承担侵权责任。

第二十六条 被侵权人对损害的发生也有过错的，可以减轻侵权人的责任。

第三十七条第一款 宾馆、商场、银行、车站、娱乐场所等公共场所的管理人或者群众性活动的组织者，未尽到安全保障义务，造成他人损害的，应当承担侵权责任。

【案件索引】

一审：北京市门头沟区人民法院（2016）京0109民初3650号（2016年12月27日）

二审：北京市第一中级人民法院（2017）京01民终1536号（2017年9月21日）

【基本案情】

原告张灵芝、刘兆福、周淑芹诉称：张灵芝系刘志刚之妻，刘兆福系刘志刚之父，周淑芹系刘志刚之母。刘志刚和汤斌、李万杰、蔡锐、夏松岐、熊建中、潘佩锋、康涛是自行车协会的会员，均属于自行车协会下属“驰鹿队”的队员，平时在自行车协会组织管理下开展集体骑行活动。2015年9月12日，在汤斌（队长）组织召集下，刘志刚与汤斌等人开展往返门头沟的骑行活动，一行人于当日中午12时许在门头沟区安家庄附近河边共同烧烤饮酒。在骑行返程途中，当日16时15分许，刘志刚一人被落在最后，行至门头沟区109国道42公里900米处时，发生单方交通事故，经抢救无效死亡。原告认为，自行车协会对骑行活动未尽到组织管理监督职责，未履行安全保障义务。同时，汤斌等七人作为骑行活动的具体组织者、参与者，未尽到妥善的管理协调、安全防护义务，更未尽到必要的照顾及注意的义务。在刘志刚发生事故时，汤斌等人无一人在现场；在事故发生后，汤斌等人未采取任何积极有效的救护、帮助措施。综上，根据《民法通则》《侵权责任法》等法律规定，自行车协会和汤斌等人在骑行活动中存在过错，应对刘志刚的死亡承担民事赔偿责任。请求法院判令汤斌、李万杰、蔡锐、夏松岐、熊建中、潘佩锋、康涛、自行车协会共同赔偿医疗费1452元、丧葬费42516元、被扶养人生活费366420元、死亡赔偿金1057180元，以上共计1467568元。

被告北京市自行车运动协会辩称：首先，我单位对刘志刚的家属表示同情。其次，我单位不是营利集体，针对组织的活动，我单位均会组织开队长会，并为会员上保险。我单位下有40多个车队，经核实，刘志刚曾注册为我单位的会员，其参加的这次活动并非我单位组织，应该是个人自发组织的。故我单位对刘志刚的死亡并无责任，张灵芝、刘兆福、周淑芹起诉我单位有误，不同意其诉讼请求。

被告汤斌、李万杰、蔡锐、夏松岐、熊建中、潘佩锋、康涛辩称：被告对车友刘志刚在骑行过程中不幸死亡表示惋惜，但是被告没有实施侵权行为，不同意张灵芝、刘兆福、周淑芹的诉讼请求。第一，张灵芝、刘兆福、周淑芹起诉的主体不对。起诉状称被告与刘志刚皆为自行车协会会员，但被告七人中有数人既非该协会会员，也非“驰鹿队”队员，参加此次活动的也没有“驰鹿队”队长。第二，起诉状称“组织召集”不属实，事实是：当日骑行活动为骑友自发结伴而行，既非以“驰鹿队”名义组织召集，亦无任何报名程序，更无事前确定人数。参加骑行活动的人有在定慧桥汇合的，有半路加入的，有在担礼隧道相遇一起跟骑的，有驾车的，有骑摩托车的，也有驾驶机动车到烧烤现场的。烧烤活动开始时已陆续聚集20余人。第三，根据我国《民法通则》的相关规定，此类既不收费，也无盈利的自发结伴而行的骑行活动，参与者之间并无民事合同关系，微信群友之间亦未形成负有安全保障义务的法律关系。本案中，刘志刚与被告七人之间既无合同关系也无法律规定的义务，因此，所有参与者不承担活动中的任何法律责任。各地对于自行车运动的骑行规则是一致的，是每个参加骑行活动的人员应遵循的基本信条，是自我约束的起码条件。本案中，作为资深骑行爱好者，刘志刚经常参加骑行活动，熟知骑行规则和注意事项，身为骨科主任医师，理应比其他骑友更具有运动医学专业知识。骑行中佩戴头盔，说明其对骑行运动危险性有充分了解，使用的又是一辆高档公路赛车，更说明其比其他骑友更注意到骑行安全的重要性。因此，刘志刚是完全民事行为能力人，应对自己的骑行活动可能产生的后果承担全部责任。本案中，被告七人与刘志刚之间既无任何法定义务，亦无任何约定义务，更无起诉状所称的“管理协调、安全防护义务”和“照顾及注意义务”。依据《道路交通事故证明》，被告七人的参与自助烧烤行为和结队骑行行为更不构成对刘志刚在正常道路骑行时发生“单方交通事故”的先前行为，即刘志刚作为完全民事行为能力人，与骑友自愿结伴烧烤和骑行，并不是导致其“单方交通事故”发生的原因。被告七人的行为与刘志刚单方交通事故无任何关系，亦无任何主观过错，更未实施任何侵权行为。因此，根据《民法通则》《侵权责任法》《最高人民法院关于审理道路交通事故损害赔偿案件适用法律若干问题的解释》等法律法规和司法解释的相关规定，被告七人不应承担相应的道路交通事故损害赔偿责任，也无需承担民事法律内和法律外责任。第四，需要特别指出的是：业余骑行并非封路专业竞赛，出于安全考虑，骑行运动中结队放坡视为禁忌，又因个人速度及压弯技术差距等因素，相互距离必然拉大，等到放至坡底平路时，相互距离拉大到数公里，谁也看不到谁很正常。

一般都是领先者骑到前方标志位置时停下等候，结队后再骑，不存在如影随形、彼此照应的情况。骑友各自骑行，不可近距离结队伴行，作为完全民事行为能力人，各自对自己的安全负责，不存在彼此的“管理协调和安全防护义务”。第五，起诉状称在事故发生后，被告未采取任何积极有效救护和帮助措施，完全不实。骑友得讯后急速返回现场，立刻协助民警维护现场，急叫救护车，并拦住路过抢救其他人员的救护车，求助随车医生诊视急救，在路过救护车走后以及救护车来到之前的长达几十分钟时间内，骑友潘佩锋一直手举路过救护车医生留下的急救药瓶给倒地的刘志刚输液。救护车到达后，被告协助急救人员将刘志刚翻身并抬上救护车，随后冒险摸黑骑行夜路，赶往门头沟医院，协助急救事宜。必须指出的是：刘志刚为重度颅脑损伤，要求赤手空拳的非专业骑友积极有效救护是不符合实际情况的。需要强调的是：在到达事故现场后骑友“爱山乐水”拨打114查询二炮总医院总机，再查询到骨科电话（当时不知刘志刚的真实姓名，只知道微信名为“北方刘哥”），第一时间告知刘志刚同事事情的严重性，让他尽快联系家属，并询问能否派出急救车。另外，事后骑友还积极配合家属实地观看地形，实际模拟还原现场骑行放坡过程，进行速度测试，陪家属前后去过事故现场三次。骑友们还去过家中祭奠并看望家属，20余名车友参加了追悼会，并前后三次集体骑行到事故现场作周祭、百日祭和周年祭。

此外，刘志刚曾在2012年6月15日参加国际骑游大会放坡途中，不停车接听来电，摔车受伤，并带摔另一位骑友同时受伤。本案中，骑友赶回事故现场时，看到刘志刚趴在路面上，其手机并未放在紧绷的骑行服后衣袋中，而是在路面上，与骑行眼镜摔在一起，推测其在高速放坡途中不停车接听来电，并不慎轧上路边红砖头，致使车轮前后车胎同时爆裂，弹起撞上隔离带再弹向路面，导致前叉腕组摔断，刘志刚面部着地，致使颅脑严重损伤而亡。故综上所述，被告不同意张灵芝、刘兆福、周淑芹的诉讼请求。

法院经审理查明：刘志刚与汤斌等人通过在“驰鹿聊吧”微信群中相约参加骑行活动，2015年9月12日，刘志刚与汤斌、李万杰、蔡锐、熊建中、潘佩锋、夏松岐、康涛等大约20余人开展往返门头沟的骑行活动，并于当日中午在门头沟区安家庄附近河边共同烧烤饮酒。在当日下午，刘志刚与汤斌、李万杰、蔡锐、熊建中、潘佩锋、夏松岐、康涛共同骑行返程。途中刘志刚发生单方交通事故。一过路车辆发现后，拨打110报警和120急救电话。汤斌等人得知刘志刚出事后，大约于16时30分至16时41分期间陆续返回事故现场，于16时41分至17时03分期间多次拨打120、999急救电话，联系刘志刚所在单位，并拦截路过救护车辆为刘志刚进行救助。后刘志刚被救护车送往北京市门头沟区医院救治，经抢救无效死亡。

另查明，参加此次骑行活动的人员大部分互相不知道真实姓名，烧烤餐饮费用由参加者共同支付，没有当事人从中盈利的情形。

【裁判结果】

北京市门头沟区人民法院于2016年12月27日作出（2016）京0109民初3650号民事判决：驳回张灵芝、刘兆福、周淑芹的诉讼请求。

宣判后，张灵芝、周淑芹向北京市第一中级人民法院提起上诉。北京市第一中级人民法院于2017年9月21日作出（2017）京01民终1536号民事判决：一、撤销北京市门头沟区人民法院（2016）京0109民初3650号民事判决；二、本判决生效后10日内汤斌给付张灵芝、周淑芹赔偿金8000元；三、本判决生效后10日内，李万杰、蔡锐、夏松岐、熊建中、潘佩锋、康涛分别给付张灵芝、周淑芹赔偿金5000元，共计3万元；四、驳回张灵芝、周淑芹的其他诉讼请求。

【裁判理由】

法院生效判决认为：本案二审争议的焦点问题为汤斌等七人是否应对刘志刚的死亡负相应的侵权责任；自甘风险能否成为汤斌等人的免责事由；如果成立侵权责任，则汤斌等七人之间的责任如何划分。以下逐一进行评析。

一、汤斌等七人是否应对刘志刚的死亡负相应的侵权责任

本案中，汤斌等七人是否应对刘志刚的死亡负侵权责任，关键是看汤斌等七人对于共同骑行的伙伴刘志刚是否存在相应的注意义务，以及汤斌等七人是否违反了这一注意义务。

（一）汤斌等七人是否存在相应的注意义务

本案中，汤斌等七人曾主张，根据我国《民法通则》的相关规定，类似本案这种既不收费也无盈利的自发结伴而行的骑行活动，参与者之间并无民事合同关系，微信群友之间也未形成负有安全保障义务的法律关系。对此，法院认为，民法作为调整平等主体之间人身关系和财产关系的法律规范，其对人们日常生活的介入的确是有限度的。一般情况下，人们日常生活中的很多生活事

实，并不会导致民事权利的发生、变更或消灭，民法并不予以关注。例如，本案中单纯的不具营利性和比赛性的自发相约骑行，就属于并不引起民事权利变动的生活事实，是社交层面的情谊行为，而不是法律行为。在类似于本案相约骑行这种社交层面的情谊行为中，相约者之间并不负担必须履行的义务。比如，本案中汤斌通过微信群约群友一起去骑行，被约之人即使答应要去，也并不负担必须去的法律义务。并且，即使他事后明确表示不去，汤斌也不能追究其违约责任，因为这种情谊行为是民法不予介入的社会生活空间。

但是，被约之人一旦以实际行动加入骑行活动中，则所有实际参与骑行的当事人之间的关系就发生了深刻的变化。在实际参与骑行活动之前，相约者之间在空间上相互隔离，彼此之间仅仅负担“诚实生活，不害他人，各得其所”的一般注意义务。在选择共同的路线实际参与骑行活动之后，相约者之间则由此前的相互隔离变为正面接触，彼此之间基于此次非营利、非比赛的骑行之共同目的产生信赖，并且基于这种具体的信赖，相互开启了各自的权利领域。此时，选择同一路线共同骑行的骑友之间由此前的一般关系转化为特别交往关系或特别约束关系，从而产生了更强的权利保护需求。相应的，他们之间也相互产生了比侵权法上一般注意义务（即“诚实生活，不害他人”的义务）更高的注意义务。也就是，基于社交相约而在同一路线共同骑行的先行行为，骑行者之间产生了相互之间更高的注意义务。本案中，不仅存在单纯的相约行为，而且在相约之后汤斌等七人与刘志刚按照同一路线共同骑行，因而在他们之间产生了比一般注意义务更高的注意义务。这种义务对于组织者而言，是我国《侵权责任法》规定的安全保障义务；对于其他参加者而言，则是基于诚实信用原则和共同从事某项活动的事实而产生的帮助义务。

（二）汤斌等七人是否违反了这一注意义务

庭审中，汤斌等七人主张，即使存在安全保障义务或伙伴救助义务，他们也已经尽到了相应的义务，不应承担责任。对此，法院认为，根据上面的分析，既然汤斌等七人与刘志刚基于涉案的实际骑行活动产生了比一般注意义务更高的注意义务，则是否违反这一义务，就需要结合这一注意义务的内容并根据本案的实际情况进行具体的考察。

从义务的内容上看，参加不具有营利性和比赛性的相约骑行活动的骑友之间，其注意义务主要是骑行活动中的互相提醒、劝告、帮助、扶持等。当发生损害事故时，参加骑行活动的骑友之间还应当提供一般人所能提供的力所能及的救助。鉴于骑行活动的危险性，这里的提醒、劝告、帮助、扶持等义务，是一种主动的、积极的义务，贯穿于骑行活动的始终，这与一般的仅仅是不侵害他人的注意义务是不同的。同时，对于组织者而言，其承担的安全保障义务虽然应低于商业性骑行活动或竞赛性骑行活动组织者的义务，但仍然应承担比一般骑行参加者更高的注意义务。组织者除了应承担以上一般骑行者应承担的注意义务外，还应承担召集参加者、安排路线、管理费用支出、督促骑行人员遵守基本的骑行安全常识等义务。组织者和其他参加者一旦违反上述各自的注意义务，未能避免损害的发生，则此前社交层面的情谊行为就转化为情谊侵权行为，义务违反者即应承担相应的赔偿责任。

本案中，虽然汤斌在审理中主张此次骑行活动是自发组织，自己并非是组织者。但结合汤斌事先在微信群中发布骑行时间、路线和后勤保障的通知以及大家在微信群中的反馈等相关事实情况，一审判决已将汤斌认定为此次骑行活动的组织者，本院对此不持异议。骑行活动是一项具有较强危险性的体育活动，尤其是在骑行路线中存在山路、弯道等复杂路况时，骑行的危险性更为明显。本案中，汤斌作为组织者所选择的线路存在较多的陡坡和弯道，这本是为了提升骑行活动的挑战性和趣味性，但同时，却也增加了此次骑行活动的危险性。在这种情况下，作为组织者的汤斌应对骑行活动的安全性进行起码的评估，并提醒、告诫和督促参加骑行的人员注意安全。事实上，汤斌也的确在微信群中明确提示大家注意安全。但是，考虑到骑行活动固有的危险性及本次骑行活动选路线增加的危险性，作为组织者的汤斌除了进行一般的“注意安全”式的提醒外，至少应提醒和告诫参加骑行者不应饮酒，或者在发现有人饮酒时进行善意的提醒或规劝（而不必制止，也无权制止）。这种提醒或规劝的成本非常低，任何人只要稍尽注意，即可做到。但本案中没有任何证据表明汤斌对大家的饮酒行为有任何的提醒和劝告，反而是有大量证据表明汤斌自己也和大家一起饮酒。虽然并无证据表明刘志刚所发生的单方交通事故与饮酒有关，且当事人之间关于刘志刚到底是喝了两瓶瓶装啤酒还是四瓶瓶装啤酒存在争议，但一个不可否认的事实是，刘志刚在出事后大量失血流失酒精并进行输液稀释酒精的情况下，且在出事6小时（在此期间酒精也会进行自然代谢）后，检验报告仍然显示刘志刚血液内酒精含量高达56.4mg/100ml。也就是说，刘志刚在出事时，体内酒精含量应更高于56.4mg/100ml。在这种情况下，刘志刚发生交通事故的几率无疑将大大增加。作为组织者的汤斌只要安排或者建议一两名骑友跟随在刘志刚附近进行提醒或随时提供帮助，刘志刚发生单方交通事故的几率就会降低，发生交通事故没有人在现场以致耽搁了黄金救助时间的情况也就不会存在。并且，这种安排或建议的成本也非常低，只要稍加注意，就可做到，被安排的人也会理解而予以配合。但是，没有证据表明汤斌作出了这样的安排或建议。基于以上分析，法院认为，汤斌作为组织者在此次骑行活动中并未完全尽到安全保障义务，应当承担相应的责任。

本案中，汤斌之外的其他六人并非此次骑行活动的组织者，而仅仅是参与者。但是，基于他们与刘志刚选择同一路线共同骑行的先行行为，大家相互之间产生了一定的帮助扶持义务。基于与上述关于组织者承担责任的相同理由，当大家共同参加具有一定危险性的骑行活动时，相互之间应进行必要的安全提醒，提醒和劝诫不要喝酒、不要接打电话等。当发生损害的危险因素增加，如有人饮酒过量时，大家应提高警惕，对饮酒过量之人进行适当的照看或帮助，以避免损害的发生。同样的，上述提醒、劝诫以及适当的照看或协助，非常容易做到，成本很低。但是，现有证据并未表明其他六人中有任何一人尽到了这样的提醒、照看或帮助义务。因此，法院认为，汤斌之外的其他六人也没有完全尽到同一路线共同骑行的参加者所应尽的帮助义务，应当承担相应的责任。一审判决认定汤斌等七人已尽到相应的注意义务从而判决其不承担责任有所不当，二审法院予以纠正。

当然，法院也注意到，在事故发生后，汤斌等七人返回事故现场竭尽所能积极协助交警和医务人员进行施救，做了大量的配合工作，充分体现了骑友之间的互助友爱精神，应该予以充分的肯定。但是，这些积极施救行为都是在损害事故发生之后，并且，这些积极的补救行为也并未能阻止刘志刚的死亡，无法弥补之前的过失行为。因此，从法律上，应当把损害发生之前的义务违反行为和损害发生之后的积极补救行为区分开来，不能用损害发生之后的积极补救行为来折抵之前的过失侵权行为。尽管如此，法院仍然对汤斌等七人的事后救助行为给予充分肯定，这些救助行为虽然不能成为汤斌等人承担侵权责任的阻却事由，但应成为法院判定损害赔偿数额时的酌定事由，法院将充分考虑汤斌等人在事后的积极救助行为，适当减少其承担的损害赔偿数额。

二、自甘风险能否成为汤斌等人的免责事由

汤斌等七人在诉讼中主张此次骑行活动是群众性、自发性活动，自愿参加，自担风险，因而汤斌等七人不应承担责任。对此，法院认为，自甘风险是受害人明知可能遭受来自特定危险源的风险，却依然冒险行事。第一，在自甘风险中，受害人虽然同意承受一定的危险，但其并不真的希望产生这种危险，他不会直接去追求对自己利益的损害。第二，至关重要的是，自甘风险仅仅是针对受害人和直接加害人而言的。就如同拳击运动中互相对抗的双方那样，他们都是自甘风险的，受害人不可能要求按照拳击规则出拳打伤自己的对手赔

偿。并且，即便是在受害人和直接加害人之间主张自甘风险抗辩，也并不必定免除加害人的侵权责任，而是要通过适用过失相抵规则具体根据各案情况减轻或免除其责任。本案中，受害人刘志刚参加具有危险性的户外骑行活动发生事故，该事件并不存在直接加害人，因而并不存在自甘风险抗辩的基础。第三，在一些极端情况下，即使损害是由受害人故意造成的，队友或伙伴仍有帮助救助义务。举重以明轻，骑行活动本身有固有风险，这种风险使得参加骑行活动的人处于危险之中。相比受害人故意造成自己的损害而言，来自外部风险和受害人本人重大过失而造成的损害，更应得到队友或伙伴的救助。第四，在类似于本案这样的共同骑行活动中，大家组队骑行的目的一方面是为了锻炼身体、增进友谊，另一方面也是为了降低风险以及危险发生时能够起到救助作用，把风险降到最低。因此，参加共同的骑行活动，往往不是自甘风险，反而是为了降低风险。基于以上分析，法院认为，汤斌等人以刘志刚参加共同骑行活动是自甘风险作为免责事由不能成立。

三、汤斌等七人之间的责任应如何划分

根据《侵权责任法》第二十六条之规定，被侵权人对损害的发生也有过错的，可以减轻侵权人的责任。本案中，刘志刚作为完全民事行为能力人，且作为具有一定骑行经验的骑行者，明知此次骑行活动的危险性，但仍然不顾安全而饮酒骑行，并造成骑行返程中发生单方交通事故死亡的严重后果，其自身对于损害后果的发生存在重大过失，应当承担此次损害后果的主要责任。

根据《侵权责任法》第三十七条第一款之规定，宾馆、商场、银行、车站、娱乐场所等公共场所的管理人或者群众性活动的组织者，未尽到安全保障义务，造成他人损害的，应当承担侵权责任。本案中，汤斌作为自发性的群众性骑行活动的组织者，在组织骑行活动过程中没有完全尽到安全保障义务，应当承担相应的民事责任。同时，根据《侵权责任法》第六条之规定，行为人因过错侵害他人民事权益，应当承担侵权责任。本案中，汤斌之外的其他六人在参加本次骑行活动中没有完全尽到骑行队友之间的帮助义务，对损害事故的发生存在过错，也应承担一定的民事责任。

鉴于刘志刚的死亡结果主要由其自身原因造成，汤斌等七人的过失行为对其死亡结果的原因力非常小，且汤斌等七人在事发前尽到了一定的注意义务，在事发后积极参与救助，故法院综合上述情况酌情确定汤斌等七人的赔偿数额。汤斌因作为组织者在骑行活动中较之一般参与者发挥着更大的作用，应当承担相对较大责任，其他六人承担相对较小的责任。经法院核查，刘志刚发生

的医疗费为1452元，丧葬费为42519元，张灵芝、周淑芹请求的丧葬费为42516元，法院不持异议；由于刘志刚的父亲已经在诉讼中去世，则本案涉及的被扶养人仅为周淑芹（超过75周岁），其被扶养人生活费为183210元，刘志刚去世时不足60周岁，其死亡赔偿金为1057180元，以上共计1284358元。在此数额内，汤斌承担8000元的赔偿责任，李万杰、蔡锐、夏松岐、熊建中、潘佩锋、康涛每人承担5000元的赔偿责任。

最后必须指出的是，对于骑行这样的群众性户外运动应该予以鼓励并进行保护。但是，鼓励不等于放任。如果以自发性活动和自甘风险为由而豁免活动组织者和参加者起码的注意义务，实际上是对骑行安全的漠视。从长远来看，更会导致群众性骑行活动的不健康发展甚至畸形发展。相反，要求骑行的组织者和共同参加者承担适当的注意义务不但不会阻碍群众性骑行活动的发展，反而会促使该项运动更为健康、有序、规范、安全地进行。法院判决汤斌等人承担适当的责任，目的不仅仅是对刘志刚家人进行赔偿和慰藉，更是为了督促骑行活动的组织者和参加者充分提高安全防范意识，杜绝饮酒等一切有悖活动安全要求的行为。同时，也是为了督促骑行活动的组织者和参加者在活动过程中相互之间施以举手之劳的关爱，最大程度地防止损害结果的发生，而不仅仅是在损害发生之后才给予积极救助。

【案例注解】

本案是骑行爱好者自发组织的骑行活动中出现骑友死亡所引发的侵权案件，因案件类型新颖且责任认定方面争议较大，引发了社会的广泛关注。在此先要说明的是，骑行作为一种健康、环保且具备一定竞技性的户外运动应该予以鼓励和保护。从司法层面上来说，对组织管理机构和骑行爱好者们的权利义务予以适当的规制，是促进此项运动良性、可持续发展的应有之义。本案骑行活动不具有营利性和比赛性，法院在判断组织者和参加者的权利义务边界时，既不能放任更不宜过苛。本案争议的核心问题为各被告是否违反了相应注意义务以及自甘风险是否能成为本案的免责事由。现分述如下：

一、注意义务的来源及判断标准

（一）注意义务的来源

在司法实践中，侵权责任构成包括侵权行为、损害后果、因果关系及过错四个要件。关于过错，无论持主观说、客观说或折中说，注意义务均是一个重要的评判要素。注意义务是指行为人为避免危害他人的结果发生而为必要的作为或不作为的义务，既包含制定法层面的也包含非制定法层面的。来源于法定或约定的义务往往并非司法判断中的难点，相反的，来源于先行行为①、公序良俗、诚实信用，也即非法定或约定的义务，因需要依靠法官在司法实践中借助其法律素养，运用其智慧和良知，通过对具体案件情形的把控来完成，往往最具难度和争议。本案恰好属于此种情况，因汤斌等人是自发组织的骑行活动，既不营利也不具备比赛性质，各位骑行参加者之间并无特定关系（如亲属、医患关系等），也没有通过契约约定各自义务。因此，汤斌等人是否存在相应注意义务，该义务的来源是什么，无疑是判断是否侵权的前提。

本案骑行活动的参加者在实际参与骑行活动之前，因不具有受法律约束的意思和缔结法律关系的意图，处于法律调整范围之外的纯粹生活事实，各方仅负担不侵害他人权利的一般义务即可，法律不会过多介入。但民法上权利义务状态并非静止不动的，是动态变化的。当骑友实际加入骑行活动中时，骑友之间基于同一路线共同骑行的先行行为，开启了一种相互信赖、并肩前行的状态，此种状态基于诚实信用及公序良俗的原则，产生了更强的权利保护需求，从而产生更高的注意义务。此时骑友之间的义务从“诚实生活，不害他人”的不作为义务，转变为彼此信任、相互帮助的积极的作为义务。特别是汤斌作为本案骑行活动的组织者，固然其义务明显不同于带有营利性或比赛性质的活动组织者，但其仍应承担高于其他骑友的义务。具体来说，汤斌作为组织者召集大家参加活动并负责选择骑行线路，其应对骑行活动的安全性进行起码的评估，并提醒、告诫和督促参加骑行人员注意安全。其他骑友则是基于诚实信用原则和共同从事某项活动的事实而产生了帮助义务。

（二）是否违反注意义务的判断标准

在侵权法中，行为人的注意义务一经确定，则必须尽到。否则，若因行为人没有尽到注意义务而给他人造成损害时，则应承担损害赔偿责任。如上所述，在实践中判断一个人是否违反了相应的注意义务比较复杂，注意义务的程度和界限因各案而不同，每个人也会有不同的理解。但尽管如此，我们在判断是否违反注意义务的时候还要遵循一定的原则和标准。

首先，要以理性人的标准来衡量，即以一个有理性的人在此种情况下应当从事或不从事某项活动为标准。该标准虽然是被法律拟制的客观标准，但我们在衡量被诉行为是否低于理性人的标准时，应该根据当时所处的环境和掌握的

① 先行行为引起作为义务的发生，最终的法理依据其实也在于公序良俗原则和诚实信用原则。

信息来判断其行为是否合理。集体骑行相较于独自骑行，既会增加趣味性，同样也是一种降低风险的选择，因骑友间可以相互帮扶和提醒，这是一个理性人所应当知晓的。本案中，汤斌作为组织者，应提醒、告诫和督促骑友注意安全，在大家午间聚餐发生饮酒行为时应予以适当的规劝，特别是在刘志刚饮酒后对其应予以更多的照看或帮助。对于其他骑友来说，在骑行过程中应相互帮助，当发生损害的危险因素增加，如有人饮酒过量时，大家应提高警惕，对饮酒过量之人进行适当的照看或帮助，以避免损害的发生。这些都是基于共同骑行行为，特别是明知饮酒会极大增加骑行危险性的情形下，汤斌等人作为理性人应当采取的普通谨慎的预防措施。但遗憾的是，结合本案事实和证据情况，组织者汤斌未能在午间聚餐时劝阻刘志刚饮酒而是参与其中，在返程途中刘志刚独自骑行于队尾，组织者和其他队友未尽到相应的提醒和照看，在很大程度上增加了刘志刚单方发生交通事故的可能性。因此，汤斌等人未尽到一个理性人在当时当下应当作出的行为和措施，违反了各自相应的注意义务。

其次，要考量避免危险的成本。排除损害危险的成本应当同此种损害的危险加以平衡。此种平衡包括在某种特定的情况下采取预防措施所存在的困难和可能性。如果付出很小的成本便可以大大减少危险或避免损害的发生，那么行为人没有采取措施，其行为就是不合理的；反之，如果所需成本巨大却只能减轻很少的危险，那么行为人什么都不做也是合理的。本案中，作为组织者的汤斌只要在刘志刚饮酒时进行适当的劝阻，或在其酒后安排或者建议一两名骑友跟随在其附近进行提醒或随时提供帮助，刘志刚发生单方交通事故的几率就会降低，且发生事故后没有人在现场以致耽搁了黄金救助时间的情况也就不会存在。这种安排或建议的成本也非常低，只要稍加注意，就可做到，被安排的人也会理解而予以配合。同样的，对于其他骑友来说，在刘志刚饮酒后只要适当地照看或协助，就能大大避免损害发生或降低损害结果。但是，没有证据表明汤斌等人采取了相应的低成本的措施。因此，本案汤斌等人违反了基于先前行为产生的积极作为义务，系应注意能注意而没有注意，应当承担相应的责任。

二、自甘风险作为免责事由的适用条件

自甘风险作为一项抗辩事由，在目前司法实践中，在竞技体育领域适用最为普遍，其是指受害人明知某种行为具有危险性，但仍然自愿冒险从事该行为，在危险现实发生而因此遭受损失的情况下，加害人可以此作为抗辩受害人的事由。在一般侵权领域中，我国适用过错原则，自甘风险与过错原则在适用时应当予以区分。自甘风险的适用需要具备一定条件：第一，行为人明知风险

存在且自愿承担风险；第二，加害人没有故意或重大过失；第三，不违反社会公共利益及法律强制性规定。由此可知，首先，自甘风险是针对加害人与受害人的，而本案的事件并不存在直接加害人，因而并不存在自甘风险抗辩的基础。其次，在自甘风险中，受害人对于加害人没有尽到注意义务的情形是预见到的，而本案中，死者刘志刚显然无法预见到这一点。最后，本案的骑行活动不同于带有对抗性的体育项目（如拳击），大家组队骑行的目的既为增加趣味性，也是为了降低风险以及在危险发生时能够相互救助，将风险降到最低。参加共同的骑行活动，往往不是自甘风险，反而是为了降低风险。汤斌等人以自甘风险作为免责事由的抗辩不能成立。

（**一审法院独任审判员** 张　恒
二审法院合议庭成员 丁宇翔　王国庆　白　云
编写人 北京市第一中级人民法院　刘雅璠
责任编辑 杨　奕
审稿人 曹守晔）

陶某某诉姜某某、李某1名誉权纠纷案

——网络虚拟主体的证明标准判断

关键词：民事　名誉权　网络侵权主体　虚拟人　证明标准

【裁判要旨】

对于虚拟主体与现实民事主体如何对应的问题，首先要对网络“虚拟人”进行准确甄别，其次在具体对应的证明标准问题上，应当结合网络特征对高度可能性的标准灵活加以把握，主要从以下四个方面进行考量：一是虚拟人呈现出的个人特征；二是网络文章所描写的人物与现实人物所处的具体环境；三是网络文章发布后的受益人和文章语气内容；四是从一般社会公众的认知角度加以判断。

【相关法条】

《中华人民共和国民法通则》第一百零一条　公民、法人享有名誉权，公民的人格尊严受法律保护，禁止用侮辱、诽谤等方式损害公民、法人的名誉。

《中华人民共和国侵权责任法》第十五条　承担侵权责任的方式主要有：

（一）停止侵害；

（二）排除妨碍；

（三）消除危险；

（四）返还财产；

（五）恢复原状；

（六）赔偿损失；

（七）赔礼道歉；

（八）消除影响、恢复名誉。

以上承担侵权责任的方式，可以单独适用，也可以合并适用。

第二十二条 侵害他人人身权益，造成他人严重精神损害的，被侵权人可以请求精神损害赔偿。

第三十六条第一款 网络用户、网络服务提供者利用网络侵害他人民事权益的，应当承担侵权责任。

【案件索引】

一审：北京市海淀区人民法院（2015）海民初字第 15357 号（2016 年 12 月 22 日）

二审：北京市第一中级人民法院（2017）京 01 民终 6788 号（2017 年 11 月 2 日）

【基本案情】

原告陶某某诉称：被告姜某某与被告李某 1 系母子关系，李某 2 为姜某某前夫，后经人介绍，与我相识登记结婚。李某 1 于 2 月 15 日擅自拍录李某 2 与我俩人在一起的照片。2015 年 2 月 23 日、24 日，李某 1 与姜某某在网络上以 jiang × × 名义，发布李某 2 包养三奶陶某某等文字和照片。两被告的行为，严重侵犯了我的基本人格尊严，为此提出起诉。要求二被告立即删除在网络上辱骂我的涉案文字及照片、赔礼道歉并赔偿精神损害 1 万元。

被告姜某某、李某 1 辩称：我们从未在网上实施过侵犯陶某某名誉权的行为，请法院依法驳回其全部诉讼请求。

法院经审理查明：李某 2 系 × × 大学工程技术学院教授，姜某某系李某 2 的前任妻子，二人育有婚生子李某 1。陶某某称其是李某 2 的现任妻子，但未向法院提交结婚证明予以佐证。

2010 年 12 月 8 日，法院判决准许李某 2 与姜某某离婚，该判决书已经生效。法院认为部分认定："姜某某在李某 2 领导、同事朋友间多次发表李某 2 包二奶、道德败坏等言论，其行为应视为双方感情已经破裂。"2015 年 4 月 13 日，× × 大学出具《证明》，主要内容为从 2006 年开始，姜某某多次给学校同事、校领导发邮件，称李某 2 包二奶并同居，告李某 2 重婚罪、剽窃科研成果等。经调查并不符合事实。姜某某不听劝解，不停在各种网站，如在天涯网、新浪网、网易等等，指名道姓发布辱骂李某 2 包二奶、抛妻弃子。

李某2提交的公证书显示:《李某2是××大学工程技术学院教授　抛妻弃病子　是当今社会陈世美的再现　他包养二奶邢某某　包养小三陶某某》,该文章位于人民网的强国论坛板块,该帖标注发帖人为"jiang××",发布时间为2015年2月24日,该帖内容为:"李某2是××大学工程技术学院教授,抛妻弃病子,是当今社会陈世美的再现,他包养二奶邢某某,包养小三陶某某等多名女性",该帖下方有提示语:"本帖只代表jiang××的个人观点,不代表人民网观点。"此外,在"世纪网"的杂谈栏目、"天涯海角社区"的"天涯杂谈"栏目、"快乐生活"网的"天涯杂谈"栏目,"学校网"的"学校吧"学校栏目等网页中也发表有涉诉帖文内容,但这些帖文的署名均无姜某某或"jiang××"等明确称谓。

姜某某主张涉诉言论的帖子均非其发送,并向法院提交了长春市绿园区××街道办事处××社区居委会出具的《特困证明》,证明其生活困难和不会使用电脑,陶某某对证明内容亦不予认可。陶某某主张李某1与姜某某构成共同侵权,理由是前述照片是李某1拍了交给姜某某的。

【裁判结果】

北京市海淀区人民法院于2016年12月22日作出北京市海淀区人民法院(2015)海民初字第15357号民事判决:一、判决生效之日起10日内,姜某某书面向陶某某赔礼道歉,该书面赔礼道歉内容须经法院核准,如姜某某拒不履行该义务,法院将选择一家全国公开发行的报刊公布判决的主要内容,费用由姜某某负担;二、判决生效之日起10日内,姜某某赔偿陶某某精神损害赔偿金8000元;三、驳回陶某某的其他诉讼请求。宣判后,姜某某向北京市第一中级人民法院提起上诉。北京市第一中级人民法院于2017年11月2日作出(2017)京01民终6788号民事判决:驳回上诉,维持原判。

【裁判理由】

法院生效裁判认为:首先,关于涉案帖子的发帖主体问题。对负有举证证明责任的当事人提供的证据,人民法院经审查并结合相关事实,确信待证事实的存在具有高度可能性的,应当认定该事实存在。对一方当事人为反驳负有举证证明责任的当事人所主张事实而提供的证据,人民法院经审查并结合相关事实,认为待证事实真伪不明的,应当认定该事实不存在。涉案帖子是用户名为

"jiang××"的网络用户发表的，"jiang××"为"姜某某"的汉语拼音全称。帖子题目为《李某2是××大学工程技术学院教授，抛妻弃病子是当今社会陈世美的再现，他包养二奶邢某某，包养小三陶某某》，该文章从题目到内容所涉"李某2"均可以明显看出是指向姜某某的前夫"李某2"，文章内容涉及也是姜某某之前指控李某2的情况，文章还在最后以作者第一人称求助公众"敬请帮助我这个无助的弱女子，感激不尽!"帖子所涉内容为姜某某与李某2之间的私事，加之文章结尾以第一人称向社会公众发出的求助，根据一般生活经验及常识判断，该文章应为妻子指控丈夫的帖子。综合发帖人的名称、帖子的主题、内容及特定的用语，可以判断出由姜某某所发表或姜某某指使发表的盖然性较高。同时，姜某某作为对待证事实的反驳负有举证证明责任的当事人，并未就帖子非其发表或由他人发表提出充分证据加以证明，故一审法院关于姜某某为侵权帖子发帖人的认定正确。其次，关于名誉侵权的认定问题。姜某某在互联网上通过涉诉帖文向公众公开传播陶某某被李某2"包养"等内容，但对帖内所述内容未提供充分证据加以证明，其行为构成虚假事实传播，姜某某存在主观过错。而该言论具有人格侮辱性，足以降低社会公众对陶某某的社会评价，故姜某某的行为构成对陶某某名誉权的侵犯。一审法院判令姜某某向陶某某赔礼道歉并进行精神损害赔偿并无不当。最后，姜某某主张一审应追加网络平台经营者作为诉讼参与人，以确定责任划分，缺乏法律依据，法院不予支持。经法院核实，本案不存在姜某某所主张的程序违法事项。

【案例注解】

现实生活中的民事主体具有确定性。但是在网络环境下，由于网络的虚拟性（非物质性），网上交流具有实时的特点，我们所面对的不是真实和可以辨识的个人，而是作为个人代号的网名、IP地址等符号或数字，属于网络"虚拟人"。在实名注册的情况下，侵权人和被侵权人比较容易和现实生活中的权利主体进行对应。而在非实名注册的情况下，一旦当事人对主体问题予以否认，则产生虚拟主体与现实主体对应的问题。如何审查当事人提供的对主体加以证明的证据是否达到高度可能性的标准？破解这一难题，主要可以从以下步骤入手：

一、第一步：对网络"虚拟人"进行分类甄别

根据实际注册的民事主体与"虚拟人"的关系紧密程度对"虚拟人"进

行一个简单的分类，分为完全虚拟主体与复合虚拟主体。完全虚拟主体是指由民事主体注册的，与现实生活完全分离的虚拟主体，社会公众根据普通认知无法将网络虚拟主体与实际生活中的民事主体进行对应和联系。复合虚拟主体是指民事主体在网络中直接披露其现实社会民事主体名称、肖像、工作等信息或者由于享有一定的社会知名度，民事主体注册的虚拟主体被社会公众广泛知晓，使公众能够将虚拟主体和现实民事主体实现对等联系的主体。复合虚拟主体一方面具有虚拟网络的虚拟性，另一方面，由于直接与现实生活、现实民事主体人格、姓名、肖像相结合，与现实社会生活具有对应性。

二、第二步：复合虚拟主体与现实民事主体进行对应的具体认定标准

从上述分类可以看出，完全虚拟主体与现实生活完全分离，无法进行对应。可以通过证据对主体问题进行证明和对应的是复合虚拟主体。从证明的难易程度看，任何证明标准都不能僵化，否则会导致实质不公正。同时，作为两大法系国家共同的选择，构建证明标准的层次性也属必要。因此，对高度可能性证明标准的理解与适用，应当结合案件类型具体分析。在对网络复合虚拟主体的证明方面，是否能够达到高度可能性的标准主要通过以下几个方面考察：一是考察网络“虚拟人”的基本特征。所谓基本特征，就是在网络文章的描述中可以抽象出的能将一人与他人区别开来的主要标志，如所处地域、性别、年龄、职业、外貌等。二是考察网络文章所描写的人物与现实人物所处的环境。如生活、工作环境以及人物之间的相互关系等。三是对网络文章发布后受益人和文章语气内容的考察。网络侵权文章一般是具有利益导向和情绪宣泄性质的。从受益人和情绪主体的角度可以对发布者作出辅助判断。四是从一般社会公众的认知角度加以判断。具体是指多数社会公众阅读文章后可以产生一种公认，该文章的发布主题或所描写的人物是指向现实中的某人。从这四个方面进行考察，就可以确认网络文章的发布者或者所描写之人物具有排他性，确系现实中的某个人物。当然，这四个条件未必在网络侵权中都能同时得到一一体现，在司法实践中，可以结合具体的案件，择其部分而灵活应用。

具体到本案中，涉案帖子系用户名为“jiang××”的网络用户发表，帖子内容涉及“李某2”与姜某某之间的私事，发布该帖子的主体应当属于复合虚拟主体，可以与现实生活中的民事主体进行对应。“jiang××”为“姜某某”的汉语拼音全称，这属于网络虚拟人的基本特征。该文章从题目到内容所涉“李某2”均可以明显看出是指向姜某某的前夫“李某2”，帖子所涉内容为姜某某与李某2之间的私事，这属于对人物所处环境和人物关系的描述。

文章结尾以第一人称向社会公众发出的求助，属于情感宣泄的内容，此种宣泄的受益人为姜某某。根据一般公众的生活经验及常识判断，该文章应为妻子指控丈夫的帖子。综合发帖人的名称、帖子的主题、内容及特定的用语，加之姜某某曾经多次向相关部门反映过类似的问题。可以认定本案中的侵权主体为姜某某。

（**一审法院合议庭成员**　陈昶屹　赵　齐　段福奎
二审法院合议庭成员　陈立新　汤　平　赵小军
编写人　北京市第一中级人民法院　赵小军
责任编辑　杨　奕
审稿人　曹守晔）

THE MACALLAN DISTILLERS LIMITED (麦卡伦酒厂)、爱丁顿洋酒(上海)有限公司诉中国商报社、《中国收藏》杂志社有限公司、杨晓鲁名誉权纠纷案

——对于法人产品核心因素误评时侵权责任的认定

关键词：民事　名誉权　法人产品　不当评价　侵权责任

【裁判要旨】

法人的名誉一般表现为社会对法人的资产实力、生产能力、产品质量、经营作风的公正评价。评价法人的产品应当以客观事实为基础，不恰当地贬低法人的产品质量，可以构成对于法人名誉权的侵犯。期刊杂志社刊发关于法人产品质量的评价文章时，如果尽到合理的注意义务，履行了审查职责，应认定为没有过错。作为有专门知识的权威人士，在发表关于产品质量的评价文章时，负有高于普通消费者的注意义务，违反此义务导致法人名誉权遭受损害的，应承担侵权责任。

【相关法条】

《中华人民共和国民法通则》第一百零一条　公民、法人享有名誉权，公民的人格尊严受法律保护，禁止用侮辱、诽谤等方式损害公民、法人的名誉。

《最高人民法院关于审理名誉权案件若干问题的解答》第七条　问：侵害名誉权责任应如何认定？

答：是否构成侵害名誉权的责任，应当根据受害人确有名誉被损害的事

实、行为人行为违法、违法行为与损害后果之间有因果关系、行为人主观上有过错来认定。

以书面或口头形式侮辱或者诽谤他人，损害他人名誉的，应认定为侵害他人名誉权。

对未经他人同意，擅自公布他人的隐私材料或以书面、口头形式宣扬他人隐私，致他人名誉受到损害的，按照侵害他人名誉权处理。

因新闻报道严重失实，致他人名誉受到损害的，应按照侵害他人名誉权处理。

【案件索引】

一审：上海市浦东新区人民法院（2016）沪0115民初36264号（2017年4月20日）

【基本案情】

原告THE MACALLAN DISTILLERS LIMITED（麦卡伦酒厂）、爱丁顿洋酒（上海）有限公司诉称：被告中国商报社作为《中国收藏》杂志的主办单位，被告《中国收藏》杂志社作为承办《中国收藏》杂志出版、发行的单位，没有对两原告生产、销售的“麦卡伦18年威士忌”的真实情况进行调查核实，没有尽到对所刊文章的谨慎审查义务，即批准刊发该文，已经造成对两原告名誉权的损害事实发生，其行为存在严重过错，应承担法律责任。原告的诉讼请求为：（1）判令中国商报社、《中国收藏》杂志社有限公司立即停止侵害两原告的名誉权，不得再以任何形式复制、销售、发行2015年第10期《中国收藏》杂志；（2）判令被告杨晓鲁立即停止侵害两原告的名誉权；（3）判令三被告恢复两原告名誉、消除影响，并且分别在《法制日报》等全国公开发行的报纸、《中国收藏》杂志纸质期刊显著位置及《中国收藏》杂志社官方网站和官方微博首页的显著位置连续一个月刊登、发布经法院审查认可的道歉信向两原告公开赔礼道歉；（4）判令三被告赔偿两原告为制止三被告侵权行为所支付的调查、取证、公证、委托律师、翻译费用等在内的费用，合计人民币170400元，三被告承担连带责任；（5）判令三被告连带赔偿原告的财产损失，计人民币50万元；（6）判令本案全部诉讼费由三被告承担。

被告中国商报社、《中国收藏》杂志社有限公司共同辩称：被告杨晓鲁是普通消费者，非威士忌从业人员。其对威士忌有爱好，作一定研究不代表其作为官方机构发言人，被告中国商报社、被告《中国收藏》杂志社如实转载了被告杨晓鲁的发言，三被告都非两原告的竞争对手，系争文章完全看不出是对两原告经销产品的恶意诽谤诋毁，只是评论。麦卡伦威士忌作为百年品牌不可能仅仅因为系争文章就产生不良影响。故不同意两原告的诉讼请求。

被告杨晓鲁辩称：文章的编辑沟通产生问题，不能反映其真实想法，在文章发表后，被告杨晓鲁就发现文章未能准确表达其想法，且与作者进行了反馈，之后被告杨晓鲁在新浪微博上致歉，对事件的处理上很积极，不存在主观侵权。文章中所述的只是相当于18年，并非说低于，"或许这瓶酒只呆了5年"这是或许，也没说就是5年。被告杨晓鲁也已经在新浪微博上进行了澄清，故不同意两原告所有诉讼请求。

法院经审理查明：原告麦卡伦酒厂系"麦卡伦"威士忌系列产品的生产商，原告爱丁顿公司系该产品在中国的经销商。被告中国商报社系《中国收藏》杂志的主办单位，被告《中国收藏》杂志社承办《中国收藏》的出版、发行。被告杨晓鲁的职业为画家，是威士忌的爱好者，进行威士忌的收藏。

2015年第10期的《中国收藏》杂志刊登《威士忌　会喝也要会收藏》一文。文章内容有："杨晓鲁毕业于俄罗斯列宾美术学院油画艺术专业博士在读，曾任中国人民大学徐悲鸿艺术学院绘画系油画专业讲师。同时，他也是苏格兰威士忌协会会员，是北京地区第一个成为该协会会员的人。""《中国收藏》：身为油画家，您为何偏偏钟情于威士忌收藏？杨晓鲁：我收藏威士忌源于饮酒习惯。……随着我对威士忌的了解的加深，我逐渐发现威士忌的口感、层次较干邑更为丰富。威士忌的生产过程也完全是由纯粮食蒸馏，在不同的产地，不同的酒桶贮存的过程中都会产生不同的口味……""《中国收藏》：我们常从机场免税店或进口超市看到很多威士忌，这些算是收藏级吗？杨晓鲁：其实在进口商品超市或者是机场免税店看到的威士忌大多数是量产的，就是我们俗称的贸易酒。例如一瓶从免税店买的麦卡伦18年威士忌，并非指这瓶酒在桶中呆了18年，它只是相当于18年，是调香师根据麦卡伦18年这个经典口味去调和的，或许这瓶酒只在酒桶里储存了5年。酒厂之所以这样做，是因为现在威士忌的需求量越来越大，市场等不了那么长时间，就会选择一大部分酒做量产。还有一部分量产酒是用许多不同年份的酒混合后调香灌装的。而这种量产酒由于产量太多，不具有收藏价值。"

该文章系2015年9月10日由时任《中国收藏》杂志社的记者王晓旭在被告杨晓鲁住处采访后编写，采访时进行了相应的录音与记录，杨晓鲁在采访时说：

“现在麦卡伦18年都不是黄金大麦了，也不是古法蒸馏的，是量产货了。所以现在的麦卡伦呢，机场免税店买的那些，它相当于18年，它是调酒师可能入桶3年之后、5年之后，他给你弄出来把这个酒，给你调一个类似18年的香味开始卖。”采访是应北京东正拍卖有限公司工作人员邵丽莎邀请进行的。2015年9月18日至9月21日，王晓旭将文章发送给邵丽莎，并询问邵丽莎关于文章的修改意见，邵丽莎表示“文章杨老师看了说挺好呢，不用修改”。

2015年10月24日，被告杨晓鲁在其新浪微博刊登一篇题为《致》的短文，内容为：“近日，在本人杨晓鲁接受《中国收藏》的采访文章中，因杂志方并无专业烈酒专门类采访人员，以致沟通上产生误会，使文章内容并未完整、正确地表述我的本意，因此对企业麦卡伦、广大威士忌爱好者及读者产生了一定影响，对此本人向大家表示诚挚的歉意。同时，本人将向杂志社提出更正申请，尽可能降低此事对大家的影响，谢谢!”

苏格兰威士忌管理条例第10.1条规定：“SWR就年份标注规定了长期规则，即，某苏格兰威士忌标签、包装或广告中唯一可标注的年份为该产品中苏格兰威士忌年份最短的年份。”换言之，如果某苏格兰威士忌由8年、12年和15年的苏格兰威士忌调制而成，则此产品可标注的唯一年份为“酒龄8年”。

【裁判结果】

上海市浦东新区人民法院于2017年4月20日作出（2016）沪0115民初36264号民事判决：一、被告杨晓鲁于本判决生效之日起30日内在《中国收藏》杂志的显著位置刊登道歉信（内容须经本院审查），为原告THE MACALLAN DISTILLERS LIMITED（麦卡伦酒厂）、爱丁顿洋酒（上海）有限公司恢复名誉、消除影响；二、被告杨晓鲁于本判决生效之日起10日内赔偿原告THE MACALLAN DISTILLERS LIMITED（麦卡伦酒厂）、爱丁顿洋酒（上海）有限公司损失3万元；三、被告杨晓鲁于本判决生效之日起10日内赔偿原告THE MACALLAN DISTILLERS LIMITED（麦卡伦酒厂）、爱丁顿洋酒（上海）有限公司公证费、翻译费、调查取证费、律师费36400元；四、驳回原告THE MACALLAN DISTILLERS LIMITED（麦卡伦酒厂）、爱丁顿洋酒（上海）有限公司的其余诉讼请求。

宣判后，双方当事人均未上诉，该判决已经生效。

【裁判理由】

法院生效裁判认为：是否构成侵害名誉权的责任，应该根据受害人确有名誉被损害的事实、违法行为与损害后果之间有因果关系、行为人主观上有过错等因素来认定，本案中，当事人的主要争议焦点在于两原告的名誉权是否受有损害、三被告是否有过错、三被告各自是否应承担责任。

1. 关于两原告名誉权是否受有损害。法人的名誉一般表现为社会对法人的资产实力、生产能力、产品质量、经营作风的公正评价。评价法人的产品应当以客观事实为基础，不恰当地贬低法人的产品质量，可以构成对于法人名誉权的侵犯。本案中，涉案文章引发争议的主要内容为："例如一瓶从免税店买的麦卡伦18年威士忌，并非指这瓶酒在桶中呆了18年，它只是相当于18年，是调香师根据麦卡伦18年这个经典口味去调和的，或许这瓶酒只在酒桶里储存了5年。"该内容属于对两原告产品的评价，对于年份酒而言，对酒龄的评价可以被认为是关乎产品品质的核心因素，能够直接影响法人的名誉。涉案文章的上述表述极易被公众理解为麦卡伦18年威士忌酒龄不足18年，而是由低龄酒调和制成。对此，除非被告能证实其所述符合客观事实，否则即构成对于两原告产品的贬低。在被告未能提供任何证据证实其评论内容具有事实基础的情况下，该评价显然不当，足以构成对两原告名誉权的损害。

2. 关于三被告是否存在过错，各自是否应承担侵权责任。过错的形态包括故意和过失，过错的本质是行为人对其应尽的注意义务的违反。本案中，三被告称其均无侵犯原告名誉权的恶意，对此法院予以认同，从文章整体看，文章的主要内容是为了正面宣传威士忌收藏，并无直接侵犯原告名誉权的故意。但本案还需衡量三被告是否违反了其应尽的注意义务，即是否存在过失。被告中国商报社、被告《中国收藏》杂志社作为报纸杂志社，在采访时进行了相应录音与记录，文章内容与记录内容基本相符，发表前也经过了被告杨晓鲁的同意，因此应当认定被告中国商报社、被告《中国收藏》杂志社尽到了相应的审查义务。被告杨晓鲁，一方面为威士忌消费者，另一方面，本案中，其更是收藏威士忌的专家，对于威士忌收藏的专业知识具有较高的认知，因此被告杨晓鲁在对该类产品进行评价时，负有高于普通消费者的注意义务，在刊载其言论的文章发表前，被告杨晓鲁理应积极审查核对稿件。现由于被告杨晓鲁未能在文章发表刊出前进行审慎的审查，导致文章引用了其与客观事实存在出入的表述，且容易导致普通消费者产生误解，故法院认定被告杨晓鲁存在过失。

3. 关于被告应承担何种责任。依据《最高人民法院关于审理名誉权案件若干问题的解答》第十条，侵害名誉权的责任承担形式，人民法院依照《民法通则》第一百二十条和第一百三十四条的规定，可以责令侵权人停止侵害、恢复名誉、消除影响、赔礼道歉、赔偿损失。恢复名誉、消除影响、赔礼道歉可以书面或口头的方式进行，内容须事先经人民法院审查。恢复名誉、消除影响的范围，一般应与侵权所造成不良影响的范围相当。公民、法人因名誉权受到侵害要求赔偿的，侵权人应赔偿侵权行为造成的经济损失。由于法院认定被告中国商报社、被告《中国收藏》杂志社尽到了其审查义务，故原告对于被告中国商报社、被告《中国收藏》杂志社的诉讼请求均不予支持。

关于两原告提出的针对被告杨晓鲁的诉讼请求部分，法院基于上述分析作出认定：（1）关于停止侵害。由于两原告并无证据证实被告杨晓鲁仍然正在实施侵害两原告名誉权的行为，故原告提出的要求判令被告杨晓鲁立即停止侵害原告的名誉权，不予支持。（2）关于恢复名誉、消除影响、赔礼道歉。恢复名誉、消除影响的范围，一般应与侵权所造成不良影响的范围相当，涉案文章刊登在《中国收藏》杂志，被告杨晓鲁为恢复名誉、消除影响的范围与方式也应与之相当，故法院认定被告杨晓鲁应当在《中国收藏》杂志的显著位置刊登道歉信、且内容需经法院审查。原告要求被告杨晓鲁在《法制日报》等全国公开发行的报纸及《中国收藏》杂志社官方网站和官方微博首页道歉缺乏事实和法律依据，不予支持。（3）关于赔偿损失。行为人因侵权行为给他人造成损害的，应当赔偿受害人所受的损失。对于损失的存在、损失的种类、范围及程度由受害方承担举证责任。本案中，两原告主张财产损失 50 万元，但对于其实际遭受损失的数额未能举证证实，原告名誉遭受侵害，势必对其产品的销售产生影响，法院结合被告杨晓鲁的过错程度及本案具体情况酌情支持 3 万元。（4）关于两原告主张的调查、取证、公证、律师费、翻译费用 170400 元。法院认为，上述费用系两原告为维护自身合法权益所支出的必要费用，对其合理部分应当予以支持。对于翻译费 12000 元、公证费 4400 元，有相应票据为证，予以支持。对于调查、取证费用以及律师费，结合律师收费相关标准及本案具体情况酌情共支持 2 万元。该项调查、取证、公证、律师费、翻译费用合计 36400 元。

综上所述，为保护民事主体的合法权益，预防并制裁侵权行为，维护良好的社会经济生活秩序，依照《民法通则》第一百零一条，《最高人民法院关于审理名誉权案件若干问题的解答》第七条第一款、第十条的规定，法院作出了前述判决。

【案例注解】

依据《民法通则》第一百零一条和《最高人民法院关于审理名誉权案件若干问题的解答》第七条，公民、法人享有名誉权，禁止用侮辱、诽谤等方式损害公民、法人的名誉，是否构成侵害名誉权的责任，应该根据受害人确有名誉被损害的事实、违法行为与损害后果之间有因果关系、行为人主观上有过错等因素来认定。本案主要围绕两原告的名誉权是否受有损害、三被告是否有过错、三被告各自是否应承担责任进行分析。

一、对于法人产品的不当评价可以构成对法人名誉权的侵犯

名誉权的性质是绝对权，是除了权利人之外其他任何人都负有不可侵犯义务的人格权。法人的名誉一般表现为社会对法人的资产实力、生产能力、产品质量、经营作风的公正评价。实践中，侵犯法人名誉权的行为主要有两种表现形式，一种形式为对于法人名誉的直接贬损，如使用侮辱性语言直接贬损法人的名称，虚构事实否认法人的经营能力等。另一种形式则为对于法人所生产的产品的不当评价。直接贬损法人名誉的案件，实践中相对较少，且较易认定。目前，损害法人名誉权的案件大多因不当贬低法人的产品质量引起。

对法人产品质量的评价是否构成对法人名誉权的侵犯，有不同观点。有观点认为，企业的产品和服务是与社会公众密切相关的，属于应受公众评论的事项，正如评论作家的作品不等于攻击作家本人一样，评论一个企业的产品和服务也不涉及企业的名誉。① 亦有观点认为，我国并无商誉权概念，关于法人的商誉是放在名誉权中一体保护的，对商品的诽谤纳入对于法人名誉权侵权样态之中。② 本案审理认为，评价法人的产品应当以客观事实为基础，不恰当地贬低法人的产品质量，可以构成对于法人名誉权的侵犯。主要理由为：其一，对于法人产品的不当评价，客观上确实会影响到法人的社会评价，导致法人名誉贬损。其二，对于商誉，我国并无立法专门保护，如不纳入法人名誉权保护则缺乏救济途径。其三，关于是否属于消费者进行的正当评价，属于过错要件审查的范畴，不应以此将对产品的评价划到法人名誉权保护范围之外。

---

① 梁书文、杨立新等：《审理名誉权案件司法解释理解与适用》，中国法制出版社2003年版，第197页。

② 许中缘、颜克云：《论法人名誉权、法人人格权与我国民法典》，载《法学杂志》2016年第4期。

本案中，涉案文章引发争议的主要内容："例如一瓶从免税店买的麦卡伦18年威士忌，并非指这瓶酒在桶中呆了18年，它只是相当于18年，是调香师根据麦卡伦18年这个经典口味去调和的，或许这瓶酒只在酒桶里储存了5年。"该内容属于对于两原告产品的评价。具体而言，该案构成对于原告名誉权损害的主要影响因素有：其一，对于年份酒而言，对酒龄的评价可以被认为是关乎产品品质的核心因素，直接影响原告产品信誉与社会评价。其二，涉案文章的上述表述极易被公众理解为麦卡伦18年威士忌酒龄不足18年，而是由低龄酒调和制成。其三，被告未能提供任何证据证实其评论内容具有事实基础，上述评论内容失实。

二、侵权人是否存在过错的界限判定

媒体侵权属于一般侵权行为，适用过错责任原则。判定媒体的报道或者评论是否构成侵权责任，应当适用《侵权责任法》第六条第一款关于"行为人因过错侵害他人民事权益，应当承担侵权责任"的规定，媒体有过错则有责任，无过错则无责任。[①] 过错的本质是注意义务的违反，对于媒体侵权人来说，其注意义务有多个层次，首先应承担与社会一般人同样的注意义务，即法律规定的不得侵害他人合法权利的义务，同时，由于行业特点，媒体往往还负有对于他人的特殊义务，即应比一般人承担更高的注意义务。具体应结合职业的技术性规则和工作常识等综合判断。

本案中被告中国商报社、被告《中国收藏》杂志社作为报纸杂志社，在采访时进行了相应的录音与记录，文章内容与记录内容基本相符，文章发表前也经过了被告杨晓鲁的同意，酒类收藏具有相应的专业性知识，被告杨晓鲁是业内权威，被告中国商报社、被告《中国收藏》杂志社因信赖其权威性而刊发其言论，且内容与其言论一致，因此应当认定被告中国商报社、被告《中国收藏》杂志社尽到了应尽的审查义务。被告杨晓鲁并非普通消费者，其接受采访是以威士忌酒类收藏专家的身份，对于威士忌收藏的专业知识具有较高的认知，因此被告杨晓鲁在对该类产品进行评价时，应当负有高于普通消费者的注意义务，在刊载其言论的文章发表前，被告杨晓鲁理应积极审查核对稿件。现由于被告杨晓鲁未能在文章发表刊出前进行审慎的审查，导致文章引用了其与客观事实存在出入的表述，且容易导致普通消费者产生误解，故法院认定被告杨晓鲁存在过错。

---

① 杨立新：《企业法人名誉权侵权责任的界限判定》，载《人民司法（案例）》2015年第16期。

尽管对于是否侵犯名誉权，法律有明确的规定，但具体到个案的法律适用上，如何确定侵权的界限仍十分困难，在案件审理中是否构成对于法人名誉权的侵犯没有统一的标准，应从个案的具体情况出发，逐一甄别。其核心在于是否降低了公众对于法人名誉权的社会评价，社会评价本身就是一个开放的标准，应综合考虑公众的价值取向、行业标准、行业惯例等多种因素综合判断。

（**一审法院合议庭成员** 傅玉明 万发文 褚凤英
编写人 上海市浦东新区人民法院 万发文
责任编辑 杨 奕
审稿人 曹守晔）

二、典型案例发布

编者按　近年来，为及时反映全国各级人民法院审判工作的基本情况，总结经验教训，指导审判业务，最高人民法院陆续发布了一系列典型案例。我们将结合案例发布的实际情况，为广大读者整理最高人民法院新近发布的重大典型案例。本期刊载案例为 2018 年 6 月 4 日最高人民法院发布的 10 起服务保障新时代生态文明建设典型案例中的 5 起。

被告单位德司达（南京）染料有限公司、被告人王占荣等污染环境案

【基本案情】

德司达公司生产过程中产生的废酸液体属于危险废物，依照国家相关规定应当交由具有资质的企业进行处置。2010 年 9 月，被告人王军受德司达公司指派联系处置废酸事宜，与仅具有经销危险化学品资质的顺久公司法定代表人王占荣达成了以每吨 580 元处置废酸的口头协议。此后，德司达公司产生的废酸液体均交由被告人王占荣进行处置。时任公司罐区主管的被告人黄进军明知顺久公司王占荣没有处置资质，仍具体负责与拉运废酸的王占荣直接对接，王军负责审核支付处置废酸费用。2013 年 9 月，王占荣明知丁卫东（另案处理）没有处置废酸资质，仍与丁卫东达成每吨 150 元处置费用的口头协议，并指使被告人徐仁米驾驶槽罐车从德司达公司拉运废酸，直接送至丁卫东停放在江都宜陵码头等处的船上。至 2014 年 5 月间，交由丁卫东处置的废酸共计 2828. 02 吨。其间，丁卫东多次指使被告人孙新山、钱存林等人于夜间驾驶船只，将其中的 2698. 1 吨废酸直接排放至泰东河和新通扬运河水域的河道中。其中，孙新山参与排放 1729. 82 吨，钱存林参与排放 318. 78 吨。后丁卫东未及排放的 129. 92 吨废酸被查获。江苏科技咨询中心、江苏省环境科学研究院专家论证分析认为，德司达公司产生的上述废酸液体属于危险废物，其中主要成分为硫酸并含有大量有机物，硫酸浓度较高且具有极强的腐蚀性，对生物、水体、环境的危害极大，废酸中残存的大量有机废物对生物环境也会造成长远的累积性危害。

【裁判结果】

江苏省高邮市人民法院一审认为：被告单位德司达公司违反国家环境保护

法律规定，明知被告人王占荣经营的顺久公司无废酸处置资质，将公司生产过程中产生的废酸交由王占荣处置；被告人王占荣明知丁卫东亦无废酸处置资质，仍将德司达公司的废酸转交其处置；被告人徐仁米明知其运输的是化工废液以及丁卫东可能没有处置废酸的能力，而帮助王占荣进行运输作业；被告人孙新山、钱存林明知是化工废液，仍然违反国家规定偷排，最终导致严重污染环境后果，均已构成污染环境罪，且属共同犯罪。被告人王军、黄进军系德司达公司直接负责的主管人员和其他直接责任人员，应当知道王占荣没有废酸处置资质，仍然在各自职责范围内促成交易，导致严重污染环境的后果发生，均应以污染环境罪追究刑事责任。德司达公司为降低危险废物的处置成本，在明知他人没有处置资质的情况下仍委托进行处置，最终导致严重污染环境，德司达公司由此减少支出巨额的处置费用。一审法院综合德司达公司的犯罪情节以及缴纳罚金的能力，以污染环境罪判处德司达公司罚金人民币2000万元，判处其余被告人一年至五年有期徒刑不等并处罚金。江苏省扬州市中级人民法院二审维持原判。

【典型意义】

本案系因非法处置危险废物污染水体引发的环境污染刑事案件，对于根据罪责刑相适应原则妥当确定单位犯污染环境罪的罚金数额进行了有益探索。根据我国《刑法》规定，判处罚金，应当根据犯罪情节决定罚金数额。对于单位罚金的确定，应当根据单位犯罪的情节和特点，结合单位违法所得数额、造成损失的大小等因素综合考虑。德司达公司为降低危险废物的处置成本，明知他人没有处置资质仍委托进行处置，最终导致严重污染环境后果的发生，由此逃避支付的巨额处置费用可认定为通过犯罪行为获取的利益。

同时，消除环境污染的严重后果必然会有相当的费用支出，根据相关司法解释规定，公私财产损失包括污染环境行为直接造成财产损毁、减少的实际价值，以及为防止污染扩大、消除污染而采取必要合理措施所产生的费用，故而，公私财产损失数额应当作为确定罚金的一个重要参数。人民法院根据德司达公司的犯罪情节以及缴纳罚金的能力，在实际获取利益和公私财产损失数额的区间幅度内确定判处罚金的数额，既有利于生态环境的修复，也有助于充分发挥刑罚威慑力，督促企业提高依法处置危险废物的自觉性。

（**责任编辑** 杨俊芳）

被告人梁理德、梁特明非法采矿案

【基本案情】

2013 年下半年，被告人梁理德和温岭市箬横镇下山头村村委会商定，由梁理德出面以村委会的名义办理该村杨富庙矿场的边坡治理项目。2013 年 11 月、2014 年 9 月台州市国土资源局审批同意其开采建筑用石料共计 27. 31 万吨。被告人梁特明受梁理德指使在该矿负责管理日常事务，所采宕碴矿销售给温岭市东海塘用于筑路。至案发，该矿场超越审批许可数量采矿，经浙江省国土资源厅鉴定，该治理工程采挖区界内采挖量合计 415756 吨（包括岩石 381396 吨，风化层 19523 吨，土体 12209 吨），界外采挖量合计 829830 吨（包括岩石 814289 吨，风化层 9843 吨，土体 5698 吨），两项共计 1245586 吨。扣除台州市国土资源局审批许可的 27. 31 万吨及风化层、土体、建筑废料等，二被告人共非法采矿 822585 吨，价值 13161360 元。

【裁判结果】

浙江省温岭市人民法院一审认为：被告人梁理德、梁特明违反《矿产资源法》的规定，未取得采矿许可证擅自采矿，情节特别严重。在共同犯罪中，梁理德起主要作用、系主犯，梁特明起次要、辅助作用，系从犯，依法可以从轻或减轻处罚。鉴于梁特明系从犯，归案后能如实供述其犯罪事实，且当庭自愿认罪，确有悔罪表现，决定对梁特明依法予以减轻处罚并适用缓刑。一审法院以非法采矿罪，判处梁理德有期徒刑四年六个月，并处罚金人民币 35 万元；判处梁特明有期徒刑二年，缓刑三年，并处罚金人民币 15 万元；对梁理德、梁特明的犯罪所得人民币 13161360 元，予以追缴没收，上缴国库。浙江省台州市中级人民法院二审维持原判。

【典型意义】

本案系非法采矿刑事案件。矿产资源是国家自然资源的重要组成部分，各地滥采、盗采矿产现象较为严重，对此类非法采矿的行为应予严惩。司法实践中，对于被告人非法采矿的数量及价值的认定往往成为案件审理的焦点。本案通过委托有资质的鉴定机构进行鉴定，较为合理地确定了非法采矿数量及价值，为准确量刑奠定了较好基础。本案在判处主犯有期徒刑四年六个月并处罚金的同时，追缴二被告人的犯罪所得1300余万元，有力地震慑了此类犯罪，维护了国家利益，对增强社会公众对矿产资源的保护意识和守法意识，促进自然资源的有序开发和合理利用有着积极的示范作用和现实意义。

（**责任编辑**　杨俊芳）

被告人白加碧失火案

【基本案情】

2016 年 3 月 1 日 14 时许，被告人白加碧与杨兵在宣汉县樊哙镇古凤村 2 组石渣湾干农活时，白加碧欲将树枝和杂草烧灰作肥，遂从杨兵处借来打火机点燃树枝和杂草，后由于风大引燃山林。白加碧和杨兵见状，边灭火边打电话报警，后在樊哙镇人民政府的组织下于当晚 11 时将山火扑灭。案发后，白加碧主动到公安机关投案自首。经林业工程技术人员现场勘验，本次火灾共造成了 17 户村民山林受损，过火面积 9.21 公顷，烧毁林木 5526 株（其中幼树 2210 株），蓄积 74.601 立方米。

【裁判结果】

四川省宣汉县人民法院一审认为：被告人白加碧过失引发火灾，并造成公民财产损失，危害了公共安全，应予惩处。案发后，白加碧能主动投案自首，并取得了受灾村民的谅解，可从轻处罚。一审法院以失火罪判处白加碧有期徒刑一年六个月，缓刑二年。一审判决已发生法律效力。

【典型意义】

本案系因野外焚烧树枝杂草引发的失火刑事案件。案发地位于西南地区的大巴山山区，由于山区群众法律意识淡薄，对森林火灾警惕性不高，防火观念不强，在林区农业耕作时常常野外用火焚烧秸秆、杂草等。与发生在城乡聚居区的失火案件不同，案发地森林资源丰富，珍稀野生动植物种类繁多，具有重要的生态价值和经济价值，一旦发生森林火灾，既威胁人民群众的生命财产安全，危害公共安全，又严重破坏森林资源和生态环境。本案判决警醒广大群众，不仅滥采滥伐、滥捕滥猎是破坏环境资源的违法行为，野外焚烧树枝杂草等行为导致森林火灾也可能构成犯罪。本案的依法审理有利于促使广大群众提高森林防火、安全用火意识，自觉做好生态资源保护和护林防火工作，维护森林资源安全。

（责任编辑　杨俊芳）

山东省烟台市人民检察院诉王振殿、马群凯环境污染民事公益诉讼案

【基本案情】

2014年2月至4月期间，王振殿、马群凯在没有办理任何注册、安检、环评等手续的情况下，在莱州市柞村镇消水庄村从事盐酸清洗长石颗粒项目。作业过程中产生的60吨废酸液发生渗漏。渗漏废酸液对酸洗池周边土壤和地下水造成污染，又通过排水沟对消水河水体造成污染。2014年底，王振殿、马群凯盐酸清洗长石颗粒作业被莱州市公安局查获关停后，王振殿用沙土将20吨废酸液填埋于酸洗池内。经鉴定，王振殿、马群凯的行为对附近的地下水、土壤和消水河水体造成污染，案涉酸洗池内受污染沙土属于危险废物，因污染造成的生态环境损失共计77.6万元。2016年6月1日，王振殿、马群凯因犯污染环境罪被追究刑事责任。2017年1月3日，烟台市人民检察院向烟台市中级人民法院提起环境民事公益诉讼，请求判令王振殿、马群凯消除危险，治理酸洗池内受污染沙土，对污染区域周边地下水、土壤和消水河内水体的污染部分恢复原状；如不能恢复原状、消除危险，则赔偿酸洗池内受污染沙土的处置费用及生态损害修复费用共计77.6万元。

【裁判结果】

山东省烟台市中级人民法院一审认为：王振殿、马群凯用来填埋废酸液的沙土吸附酸洗池中的废酸液，成为含有或沾染腐蚀性毒性的危险废物。鉴定机构出具的环境损害检验报告将酸洗池内受污染沙土总量223吨作为危险废物量，单位治理成本为每吨250元至800元。莱州市环境监测站监测报告显示，酸洗池内残留废水属于强酸性废水。王振殿、马群凯通过酸洗池、排水沟排放

的酸洗废水系危险废物，导致部分居民家中水井无法饮用。储存于酸洗池期间渗漏的废水渗透至周边土壤和地下水，排水沟内的废水流入消水河。涉案污染区域周边没有其他类似污染源，可以确定受污染地下水系王振殿、马群凯实施的环境污染行为造成。根据专家意见，在消除污染源阻断污染因子进入地下水环境的情况下，原污染区可能达到水质标准，但并不意味着地区生态环境好转或已修复。王振殿、马群凯仍应当承担污染区域的生态环境损害修复责任，不能自行修复的，应当承担修复费用。一审法院根据鉴定机构出具的检验报告，取虚拟治理成本的6倍，按照已生效的刑事判决认定的偷排酸洗废水60吨计算，认定生态环境损害修复费用为72万元。一审法院判决：王振殿、马群凯在环境保护主管部门的监督下按照危险废物的处置要求将酸洗池内受污染沙土223吨进行处置消除危险，如不能自行处置，则赔偿处置费用5.6万元，由环境保护主管部门委托第三方进行处置；对污染区域周边地下水、土壤和消水河内水体的污染治理制定修复方案并进行修复，逾期不履行修复义务或者修复未达到标准的，赔偿生态损害修复费用72万元，支付至烟台市环境公益诉讼基金账户。一审判决已发生法律效力。

【典型意义】

本案系人民检察院提起的环境民事公益诉讼，涉及污染地表水、地下水、土壤及危险废物的处置等一系列问题。本案判决明确污染区域水质恢复达标并不意味着区域生态环境已经修复，侵权人以此为由主张不承担法律责任不能得到支持。对于生态环境损害修复费用的认定，法院采纳鉴定意见将酸洗池内受污染沙土纳入危险废物，同时认定被告排放的强酸废水亦属危险废物，进而参照合理的计算方法确定了处置费用和生态环境损害修复费用。本案判决被告在环境保护主管部门监督下履行修复责任，有利于受损生态环境的科学修复和判决义务的妥当履行，对于此类案件的审理具有较好的示范意义。

（责任编辑　杨俊芳）

重庆市长寿区珍心鲜农业开发有限公司诉中盐重庆长寿盐化有限公司、四川盐业地质钻井大队环境污染责任纠纷案

【基本案情】

中盐长寿公司系生产销售工业盐及其化工产品的公司，其所有的矿井包括长平一井、长平二井、长平三井。中盐长寿公司与四川钻井大队签订合同，约定由四川钻井大队负责长平三井钻井施工，施工过程中产生的含盐特征污水给距离约30米的珍心鲜农业公司农业基地造成污染。经长寿区人民政府主持调解，珍心鲜农业公司与四川钻井大队签订《协议书》，约定四川钻井大队一次性支付珍心鲜农业公司50万元补偿款。2012年4月至5月，因四川钻井大队处理、填埋钻井产生的污染物措施不当以及下雨等原因，致使包括珍心鲜农业公司在内的数家农业基地受到污染。中盐长寿公司所有的长平二井位于珍心鲜农业公司农业基地西北侧约100米。2012年4月，长平二井配套管道发生泄漏，亦导致包括珍心鲜农业公司在内的农业基地受到污染。有关部门先后多次组织调解，并对土地污染情况、损害程度、损害费用等进行鉴定和评估。鉴定意见认定环境污染损害包括财产损失和污染修复所需费用两部分，珍心鲜农业公司财产损失为27.67万元，污染修复所需费用为9.848万元。珍心鲜农业公司提起诉讼，要求停止侵害、恢复原状、赔偿农产品损失、土壤修复期间损失等费用。

【裁判结果】

重庆市渝北区人民法院一审认为：中盐长寿公司、四川钻井大队分别实施

了环境污染行为，导致包含珍心鲜农业公司在内的农业基地受到含盐特征污染物的污染。中盐长寿公司、四川钻井大队的侵权行为在主观上并不具有关联性与意思联络，应当根据《侵权责任法》第十一条的规定承担连带责任。重庆市第一中级人民法院二审认为，中盐长寿公司、四川钻井大队分别实施了侵权行为，但主观上无侵权意思联络，虽然无法详细区分各自排放污染物数量及污染范围，但单就两污染源各自的侵权行为尚不足以造成本案全部损害。根据《侵权责任法》第十二条的规定，应由中盐长寿公司、四川钻井大队各自承担相应的责任。根据鉴定报告，结合长平三井位于案涉农业基地西侧约 30 米，长平二井位于案涉农业基地西北侧约 100 米，且长平三井共发生过两次污染事实，可判断两个污染源中长平三井的原因力较大，长平二井的原因力较小。二审法院酌定长平三井的原因力为 60%，长平二井的原因力为 40%。二审改判中盐长寿公司、四川钻井大队恢复珍心鲜农业公司被污染土地原状，如逾期未采取恢复措施，则分别按照 40%、60% 比例支付修复费用，并按比例赔偿珍心鲜农业公司土壤修复期间的损失及农产品减产损失。

【典型意义】

本案系无意思联络数人环境侵权案件。在存在无意思联络多个污染行为导致同一损害后果的情况下，分析各污染行为与损害后果的原因力大小是审理的难点。本案中，两处污染源、先后三次污染行为排放的污染物在受损土壤中渗透、迁移、扩散，共同结合造成同一不可分的损害后果，由此可推知单一污染行为尚不足以造成本案全部损害后果，应适用《侵权责任法》第十二条，由各侵权人承担按份赔偿责任。本案判决结合受污染地域区位、受损环境检测数据、自然科学知识进行分析，合理确定污染行为所占原因力的大小，对于此类环境侵权案件的审理具有较好的示范作用。因环境污染不仅会导致被侵权人的财产损失，也会直接对环境造成不良影响，本案在判令侵权人赔偿损失的同时承担生态环境修复责任，体现了环境侵权救济中以修复生态环境为中心的司法理念，具有较好的示范意义。

（责任编辑　杨俊芳）

三、案例精析

编者按　各级人民法院坚持“反映审判全貌，总结审判经验，服务审判工作”的编辑方针，突出“真实、全面、及时、说理”的编辑特色，报送了一批具有典型性、新类型、重大疑难复杂案例，对指导审判业务、宣传国家法制、预防和化解社会矛盾纠纷，促进法学教育与理论研究作出了积极努力。《人民法院案例选》将继续坚持这一优良传统，并通过中国应用法学研究所责任编辑撰写编后补评等方式，对判决和评析中虽未提及但比较重要的或评析不充分的问题，进行补充评析，以期达到总结经验教训、指导审判业务、促进理论研究的目的。

刑 事

陈浪浪贩卖毒品案

——贩卖毒品罪既未遂的认定

关键词：贩卖毒品罪 交易环节 犯罪既遂

【裁判要旨】

被告人和买家事先商定毒品交易细节，就毒品数量、价格达成合意，在携带毒品到达交易现场，实施交易行为时被当场抓获的，应当认定为贩卖毒品罪既遂。

【相关法条】

《中华人民共和国刑法》第三百四十七条 走私、贩卖、运输、制造毒品，无论数量多少，都应当追究刑事责任，予以刑事处罚。

走私、贩卖、运输、制造毒品，有下列情形之一的，处十五年有期徒刑、无期徒刑或者死刑，并处没收财产：

（一）走私、贩卖、运输、制造鸦片一千克以上、海洛因或者甲基苯丙胺五十克以上或者其他毒品数量大的；

（二）走私、贩卖、运输、制造毒品集团的首要分子；

（三）武装掩护走私、贩卖、运输、制造毒品的；

（四）以暴力抗拒检查、拘留、逮捕，情节严重的；

（五）参与有组织的国际贩毒活动的。

走私、贩卖、运输、制造鸦片二百克以上不满一千克、海洛因或者甲基苯丙胺十克以上不满五十克或者其他毒品数量较大的，处七年以上有期徒刑，并处罚金。

走私、贩卖、运输、制造鸦片不满二百克、海洛因或者甲基苯丙胺不满十克或者其他少量毒品的，处三年以下有期徒刑、拘役或者管制，并处罚金；情节严重的，处三年以上七年以下有期徒刑，并处罚金。

单位犯第二款、第三款、第四款罪的，对单位判处罚金，并对其直接负责的主管人员和其他直接责任人员，依照各该款的规定处罚。

利用、教唆未成年人走私、贩卖、运输、制造毒品，或者向未成年人出售毒品的，从重处罚。

对多次走私、贩卖、运输、制造毒品，未经处理的，毒品数量累计计算。

【案件索引】

一审：福建省厦门市翔安区人民法院（2017）闽0213刑初425号（2017年10月27日）。

二审：福建省厦门市中级人民法院（2017）闽02刑终774号（2017年12月5日）

【基本案情】

公诉机关厦门市翔安区人民检察院以被告人陈浪浪犯贩卖毒品罪，向厦门市翔安区人民法院提起公诉。

法院经审理查明：2016年12月至2017年1月间，被告人陈浪浪经与王某事先电话约定，两次在福建省石狮市绿岛国际酒店内，每次均以人民币（币种下同）1000元的价格将1小包的毒品氯胺酮（俗称K粉）贩卖给王某。2017年3月10日，被告人陈浪浪与王某电话联系，约定以9000元的价格将10小包毒品氯胺酮贩卖给王某，并约在厦门市翔安区沈海高速马巷收费站出口交易。次日0时许，被告人陈浪浪携带10小包毒品自福建省石狮市打车至上述交易地点，见公安机关抓捕，遂欲逃离，并把携带的毒品丢弃在路边的草丛中。公安机关即时抓获被告人陈浪浪，并在被告人陈浪浪周边现场查获其丢弃的1个红色塑料袋包裹的10小包白色粉末，从陈浪浪身上缴获作案工具苹果7手机一部。经依法鉴定，现场查获的10小包白色粉末中均检出氯胺酮成分，净重共计43.3克。经现场检测，被告人陈浪浪的尿样氯胺酮定性检测结果为阳性。被告人陈浪浪到案后在侦查阶段对其犯罪行为供认不讳，在审查起诉阶段未能如实供述其犯罪事实，在庭审中如实供述并自愿认罪。

【裁判结果】

厦门市翔安区人民法院于2017年10月27日作出（2017）闽0213刑初425号刑事判决：一、被告人陈浪浪犯贩卖毒品罪，判处有期徒刑三年，并处罚金人民币3000元。二、扣押在案的作案工具苹果7手机一部，予以没收。宣判后，被告人陈浪浪提出上诉。厦门市中级人民法院于2017年12月5日作出（2017）闽02刑终774号刑事裁定：驳回上诉，维持原判。

【裁判理由】

法院生效裁判认为：2016年12月至2017年1月期间陈浪浪向王某两次贩卖毒品的事实，有证人王某的证言、辨认笔录和陈浪浪的供述等证据证实，且交易的时间、地点、方式和毒品的种类、数量、价格均能印证一致，陈浪浪的翻供无其他证据支持，不足以采信。辩护人辩称：本案系特情介入下的犯意引诱，被告人实施的第三起贩卖毒品行为系犯罪未遂，应当依法从轻处罚。经查，陈浪浪的供述等证据证实，2017年3月10日王某向其提出购买毒品时，陈浪浪已持有毒品待售，故本案依法不应认定为犯意引诱。贩卖毒品罪在犯罪形态上系行为犯，在案证据证实，陈浪浪和买家事先商定毒品交易细节，就毒品数量、价格达成了合意，在携带毒品到达交易现场，实施交易行为时被当场抓获，其已经实施了刑法所规定的贩卖毒品行为，依法应当认定为贩卖毒品罪的既遂。

【案例注解】

关于贩卖毒品罪的既遂与未遂的标准问题，我国刑法学界目前主要有以下几种观点：有学者主张契约说，即贩卖毒品的双方当事人就毒品交易事项达成一致便构成既遂，与毒品是否交付无关。有学者认为，应以毒品实际交付为既遂标准。即使达成了买卖协议，只要尚未实际交付毒品，就不构成既遂；即使交易款尚未支付，只要毒品已交付即构成既遂。有学者认为，贩卖毒品行为通常包括两个阶段：第一阶段为购买毒品即先低价买入毒品，第二阶段为将低价买入的毒品高价抛出，从中获利。因此，无论买入还是卖出，只要买或卖的行为实施完毕，二者只居其一就构成本罪既遂。还有学者主张应以毒品是否进入交易为准，是否实际成交、是否获利，不影响既遂的成立。

贩卖毒品罪的既遂与未遂的标准问题，在实践中显得较为复杂。笔者同意进入交易说的主张，即贩卖毒品的既遂与否，应以毒品是否进入交易环节为准，而不论行为人是否已将毒品卖出获利或是否已经实际转移毒品。如果因行为人意志以外的原因而未进行实质性的毒品交易行为，则属于贩卖毒品罪未遂。无论购买还是卖出，只要行为人实施了其中一个行为，就应视为贩卖毒品罪既遂。采用这一标准来界定贩卖毒品罪的既遂与未遂，有以下意义：

首先，贩卖毒品行为通常始于购买，购买毒品行为具有双重的社会危害性。一方面，行为人从其“上线”处购买毒品，这一购买行为本身就已经造成了毒品的非法流通与运转；另一方面，购买毒品行为本身就意味着可能出售毒品，是实施新的卖出毒品行为的起点或必要前提，因而购买毒品行为同时包含了进一步危害社会的现实危险性。

其次，在实际破获的贩卖毒品案件中，大量被抓获的毒品犯罪人均停留在购买了毒品尚未卖出，或者正在进行毒品交易而人赃并获的阶段，真正能够将毒品从卖方转移到买方手上，在毒品交易全部完成以后被抓获的情形属于少数。如果以毒品是否实际交付为标准来判断贩卖毒品罪的既遂与否，则必然使大量的毒品案件作未遂处理，反而会放纵毒品犯罪分子，不利于对毒品犯罪的打击。

本案中，罪犯陈浪浪和买家事先商定毒品交易细节，就毒品数量、价格达成了合意，携带毒品到达交易现场，实施交易行为时被当场抓获，其已经实施了刑法所规定的贩卖毒品行为，依法应当认定为贩卖毒品罪的既遂。

（**一审法院合议庭成员** 郑 锋 康水分 张顺辉
二审法院合议庭成员 吕秋收 刘荣秀 王敏重
编写人 福建省厦门市翔安区人民法院 郑 锋
责任编辑 周维明
审稿人 李玉萍）

沈伟军、程栋等故意伤害案

——恶势力犯罪的认定及量刑

关键词：恶势力　宽严相济　死刑

【裁判要旨】

1. 司法实践中对恶势力犯罪的认定，可根据现有法律规定并以恶势力的聚合随机性、组织松散性、秩序破坏性等特征，综合把握，予以认定。

2. 在恶势力犯罪中，对各被告人量刑应宽严相济，结合各被告人在共同犯罪中的地位及作用予以量刑。

3. 在适用死刑时应当综合考虑被告人的情节，即在被告人地位相当时，应考虑被告人实际参与实施犯罪的程度及对案件结果的最终影响程度等。

【相关法条】

《中华人民共和国刑法》第二百三十四条　故意伤害他人身体的，处三年以下有期徒刑、拘役或者管制。

犯前款罪，致人重伤的，处三年以上十年以下有期徒刑；致人死亡或者以特别残忍手段致人重伤造成严重残疾的，处十年以上有期徒刑、无期徒刑或者死刑。本法另有规定的，依照规定。

第四十八条第一款　死刑只适用于罪行极其严重的犯罪分子。对于应当判处死刑的犯罪分子，如果不是必须立即执行的，可以判处死刑同时宣告缓期二年执行。

【案件索引】

一审：浙江省杭州市中级人民法院（2014）浙杭刑初字第155号（2014年10月8日）

二审：浙江省高级人民法院（2014）浙刑一终字第224号（2015年2月16日）

复核：最高人民法院（2015）刑一复87492309号（2015年12月24日）

【基本案情】

浙江省杭州市人民检察院以被告人沈伟军、汪任丙、程栋、徐月欢、余和平、李亮红、彭江剑、徐方圆、朱杰、汪聪、汪凌峰犯故意伤害罪，向杭州市中级人民法院提起公诉。

被告人沈伟军及其辩护人提出沈伟军未指使他人故意伤害王刚良，不构成故意杀人罪；被告人程栋、汪任丙、李亮红、彭江剑、余和平、徐方圆、朱杰、汪聪、汪凌峰对起诉书指控的事实及罪名均无异议，各辩护人均提出请求从轻处罚的辩护意见。

法院经审理查明：被告人沈伟军于2012年在浙江省临安市（原）万紫千红娱乐会所任负责人期间，因生意等与认其做“大哥”的被害人王刚良（殁年32岁）发生纠纷，遂认为王刚良对其不敬，起意暴力惩罚王刚良。2013年5月，沈伟军通过被告人汪任丙找到被告人程栋，指使程栋伤害王刚良并陆续提供前期活动经费人民币6万元。程栋遂与被告人徐月欢商量并于同年6月至8月间，纠集被告人李亮红、彭江剑、余和平、徐方圆、朱杰、汪聪、汪凌峰等人，以蹲守、跟踪等方式逐步摸清王刚良行踪，并准备了菜刀、砍刀、电击棍等工具。2013年9月27日1时许，汪任丙将王刚良的行踪通知程栋，程栋随即纠集徐月欢、李亮红、彭江剑、余和平、徐方圆驾驶车牌为A×××××的马自达牌轿车，来到浙江省临安市（原）锦城街道城中街尚品豆捞门口王刚良的汽车附近埋伏。当日3时许，王刚良行至该车附近，程栋即持菜刀上前砍王刚良，王刚良逃避时摔倒，程栋与徐月欢、李亮红、彭江剑、余和平分别持菜刀、砍刀、匕首和电击棍砍切、击打王刚良，后徐方圆驾车接应程栋等人逃离现场。王刚良因全身多处遭锐器砍切致失血性休克引发全身多器官功能衰竭经抢救无效于同年10月4日死亡。

【裁判结果】

杭州市中级人民法院于2014年10月8日作出（2014）浙杭刑初字第155号刑事判决：一、被告人沈伟军犯故意伤害罪，判处死刑，剥夺政治权利终身；二、被告人程栋犯故意伤害罪，判处死刑，剥夺政治权利终身；三、被告人徐月欢犯故意伤害罪，判处无期徒刑，剥夺政治权利终身；四、被告人汪任丙犯故意伤害罪，判处有期徒刑十五年，剥夺政治权利三年；五、被告人李亮红犯故意伤害罪，判处有期徒刑十三年，剥夺政治权利二年；六、被告人彭江剑犯故意伤害罪，判处有期徒刑十二年，剥夺政治权利一年；七、被告人余和平犯故意伤害罪，判处有期徒刑十一年，剥夺政治权利一年；八、被告人徐方圆犯故意伤害罪，判处有期徒刑十年，剥夺政治权利一年；九、被告人朱杰犯故意伤害罪，判处有期徒刑八年；十、被告人汪聪犯故意伤害罪，判处有期徒刑七年；十一、被告人汪凌峰犯故意伤害罪，判处有期徒刑三年。

宣判后，上述各被告人均对判决不服，向浙江省高级人民法院提出上诉。

浙江省高级人民法院于2015年2月16日作出（2014）浙刑一终字第224号刑事判决：一、驳回被告人程栋、徐月欢、汪任丙、李亮红、彭江剑、余和平、徐方圆、朱杰、汪聪、汪凌峰的上诉；二、撤销浙江省杭州市中级人民法院（2014）浙杭刑初字第155号刑事判决书中对被告人沈伟军的量刑部分，维持其余部分；三、被告人沈伟军犯故意伤害罪，判处死刑，缓期二年执行，剥夺政治权利终身。

最高人民法院经复核于2015年12月24日作出（2015）刑一复87492309号刑事裁定：核准浙江省高级人民法院（2014）浙刑一终字第224号维持第一审对被告人程栋以故意伤害罪判处死刑，剥夺政治权利终身的刑事判决。

【裁判理由】

法院生效判决认为：被告人沈伟军为报复，通过被告人汪任丙纠集被告人程栋，又由程栋纠集被告人徐月欢、李亮红、彭江剑、余和平、徐方圆、朱杰、汪聪、汪凌峰等人，有预谋地跟踪并围砍被害人手脚部位致其死亡，其行为均已构成故意伤害罪。且主观恶性深，犯罪手段残忍，犯罪后果严重，应依法严惩。在故意伤害共同犯罪中，沈伟军、程栋、徐月欢、汪任丙、李亮红、彭江剑、余和平均系主犯，应当按照其所参与的或者组织、指挥的全部犯罪处罚；徐方圆、朱杰、汪聪、汪凌峰均系从犯，对徐方圆依法可予从轻处罚，对朱杰、汪聪、汪凌峰依法可予减轻处罚。徐方圆系累犯，依法从重处罚。汪任丙、朱杰有暴力前科，可酌情从重处罚。余和平、汪聪均有自首情节，依法可予从轻处罚。沈伟军虽系故意伤害的起意者和主使者，但对被害人死亡后果所起作用低于程栋，且能通过家属积极赔偿被害人家属的经济损失，对其判处死刑，可不立即执行。

【案例注解】

一、恶势力的认定

我国刑法从组织、纠集、行为及危害性特征上对黑社会性质的组织作了明确规定，相对于黑社会性质组织这种已经形成相当规模的组织形式，在司法实践中，更为常见的是恶势力组织形式。“恶势力”虽具有黑社会性质组织的某些痕迹和性质，并以暴力、胁迫或其他手段，在一定区域或者行业内多次实施违法犯罪行为，但该组织本身并无稳定性，无明确的分工及等级区别，且无获取经济利益的手段支持组织活动，故而在一定时间内无法形成黑社会性质组织。然而，相关法律文件并未对恶势力进行较为详尽的界定，进而导致一段时期内各地对该类犯罪的司法裁量并不统一。

有鉴于此，《最高人民法院、最高人民检察院、公安部、司法部关于办理黑恶势力犯罪案件若干问题的指导意见》对恶势力进行了司法界定，认为“恶势力”系具有下列情形的组织：经常纠集在一起，以暴力、威胁或者其他手段，在一定区域或者行业内多次实施违法犯罪活动，为非作恶，欺压百姓，扰乱经济、社会生活秩序，造成较为恶劣的社会影响，但尚未形成黑社会性质组织的违法犯罪组织。该类恶势力一般为三人以上，纠集者相对固定，违法犯罪活动主要为故意伤害等暴力犯罪，或聚众“打砸抢”等严重扰乱社会秩序犯罪。那么，在刑事司法中，依据上述指导意见，准确把握、认定该类恶势力组织及相应犯罪便是当务之急。

基于上述指导意见，笔者认为恶势力犯罪应主要从以下几方面进行认定：

其一，聚合随机性。恶势力犯罪团伙相对于黑社会性质组织而言因并无严格、固定的组织架构，但该团伙的纠集者、骨干成员较为固定，而其他大多数团伙成员时聚时分，一遇有事便经纠集者、骨干成员串联而啸聚作案，作案后便就地解散。故而，黑社会性质组织的聚合性是一以贯之紧密固定，并未有松散情形，而该类恶势力的聚合性相对而言仅具有随机性，并非如黑社会性质组织般紧密。

其二，组织松散性。恶势力犯罪团伙并没有黑社会性质组织的严密组织性、纪律性，但其为首纠集者、骨干成员相对较为固定，而其他大多数成员或以乡土地域关系，或以固定职业关系，或以金钱收买为纽带聚合起来，且该类成员组成并不固定。故从紧密程度上，该类恶势力团伙一般可分为核心纠集者、骨干成员、松散组成人员等三类成员。

其三，秩序破坏性。恶势力犯罪团伙在一定区域或行业内多次实施犯罪活动，一般多实施插手建筑工程、市场销售等经济活动，实施非法拘禁、“套路贷”类诈骗、开设赌场、组织、容留卖淫等扰乱经济、社会秩序行为，更有甚者实施故意伤害、故意杀人等严重暴力犯罪，对当地社会、经济秩序带来较为恶劣的社会影响，扰乱了群众的社会生活秩序。

具体在本案，被告人沈伟军、程栋等人从犯罪动机、人员组成、社会危害等方面具有典型的恶势力犯罪特征，具体体现为：

从作案动机看，被告人沈伟军系老牌“混社会”分子，被害人王刚良系其带出来的“混社会”徒弟，双方矛盾起因是王刚良“混社会”“混”得好，不把沈伟军放在眼里，导致沈伟军不满进而产生报复之念。被告人程栋及徐月欢、徐方圆等均系临安当地“混社会”分子，其中程栋为首，徐月欢、余和平、徐方圆等听从于程栋指挥，因其刚步入社会，正四处寻机“出头上位”，便接下沈伟军所示砍打王刚良的“生意”。故，从动机上看，涉案人员沈伟军、王刚良系为“混社会”产生矛盾，进而又有程栋等人为“出头上位”动机介入，故本质上本案的作案纯系黑恶势力争权夺利而引发，系典型的“黑吃黑”类恶势力犯罪案件。

从作案人员看，程栋、徐月欢等临安本地成员组成较为固定，且以程栋为首指挥，徐月欢等人全程听从于程栋调遣；而其他团伙成员朱杰、汪聪等人则以同学等为纽带聚合在程栋等核心成员周边，但其等参与程度较低，并不固定参与蹲守等前期准备行为；彭江剑、李亮红等人纯系程栋等骨干以金钱收买而来，纠集潜至临安准备动手作案。故从人员组成看，本案作案团伙可较为明显地区分核心纠集者、固定骨干成员、外围松散成员三类组成人员，符合恶势力犯罪团伙的构成特征。

从社会危害程度看，程栋等人以蹲点、跟踪等方式，于数月内摸清被害人行踪，并选择凌晨时分在核心城区砍打被害人致其死亡。案发后在当地引发了一定震荡及恐慌，严重影响了社会治安和群众安全感，社会影响极其恶劣，因此公安机关迅速行动侦破本案并一举抓捕涉案人员。

二、恶势力犯罪的量刑

（一）对量刑的整体把握

宽严相济刑事政策是我国刑事政策中具有策略性的惩治政策，其本质是区别对待，重重轻轻，量刑平衡，实现罚当其罪。具体来说，就是通过对整个案件事实的分析，确定被告人的量刑情节，包括从宽情节与从严情节、法定情节与酌定情节等，根据各量刑情节综合衡量。

在办理恶势力犯罪案件时，在坚持宽严相济的基础上，将恶势力案件区别于普通的刑事案件，依法从严把握，该判重刑的要判重刑，对于主观恶性深，犯罪手段残忍，犯罪后果严重的，应当适用死刑。既可以有力打击本案各被告人的嚣张气焰，又可以震慑其他黑恶势力分子，维护社会稳定秩序。当然，这并不是意味着在司法实践中应“一刀切”地对所有被告人均适用实刑，对于犯罪确实较轻的，可以适用缓刑。如此，才是司法裁判对司法政策核心的贯彻。

显而易见的，即使是在恶势力犯罪中，各参与人的责任不可能完全相同，更不可能连带，因此在对各被告人进行量刑时，只能以每个被告人的责任程度为限，这就要求我们对该类犯罪设定量刑基础用以区分各被告人之间的不同，而这个基础就是主从犯的认定。主从犯从量刑的基准来说就是不同的，因各共犯之间的组织状态不同，而将不同犯罪事实归属于不同的被告人。如前所述，恶势力犯罪从形态上来看是共同犯罪，因而在对恶势力犯罪进行量刑把握时，可适用共同犯罪的相关规定，判断各被告人的行为与实际发生的结果之间的因果关系，进行结果归责。在此基础上，对各被告人是否具有自首立功表现、前科情况等进行综合评价，包括对被告人有多次暴力犯罪前科，经处罚后仍不思悔改，又实施暴力犯罪，作为酌情从重处罚的考量情况等等，均会影响最终量刑。换言之，就是依据各被告人在案件中的具体犯罪行为而认定主从犯地位，并进而认定在多个主犯或从犯中，哪个被告人应当对犯罪结果负责，哪个被告人的行为作用更大，以设置量刑起点，而后再根据各被告人的具体情况进行量刑。

具体在本案中，被告人沈伟军系本案起意者，程栋系具体纠集、故意伤害的指挥者、实施者，其他作案人员主要受程栋纠集而参与本案，故沈伟军、程栋系本案恶势力犯罪的首要犯罪人员，其余被告人依据其在恶势力犯罪中的具体地位，区别骨干成员、松散成员并结合其具体实施的犯罪行为而裁量刑罚，并在骨干成员、松散成员的量刑上作出重重轻轻的区分。因而，法院对沈伟军、程栋适用死刑，而对骨干成员、积极实施伤害人员徐月欢、李亮红、彭江剑等人适用有期徒刑十年以上不等的刑罚，对松散成员、参与程度较浅的犯罪成员朱杰、汪聪、汪凌峰等人则适用有期徒刑三年至八年不等的刑罚。

（二）对死刑的把握

死刑只适用于罪行极其严重的犯罪分子，因此，应当就案件具体情况判断各被告人的罪行是否极其严重、是否属于必须立即执行死刑。

《刑法》第二百三十四条规定，故意伤害致人死亡的，处十年以上有期徒刑、无期徒刑或者死刑。从立法意图来看，故意伤害致人死亡案件不同于故意杀人案件的死刑适用，并不是首先考虑适用死刑。因此，我们在对故意伤害案件进行量刑时，应当更加严格地把握罪行极其严重的标准，从行为人所犯罪行造成的实际危害结果和其主观恶性两个方面综合评定。本案中，沈伟军、程栋为了所谓的“混社会”的地位问题，有预谋地跟踪并围砍王刚良手脚部位致其死亡，显见犯罪手段之残忍，犯罪后果之严重；被告人沈伟军起意伤害王刚良，并出资支持、指使程栋伤害王刚良，系本案幕后策划者、指使者，是王刚良被伤害致死的总纠集者，被告人程栋受沈伟军指使，具体执行伤害王刚良的犯罪行为，并为此纠集了徐月欢等人，直接参与砍打王刚良，是故意伤害王刚良致死的直接责任人，地位、作用更为主要，显见二人主观恶性之深，罪行极其严重。

本案的关键在于如何判断二被告人是否属于“必须立即执行”。就刑罚的正当化根据来说，不是必须立即执行的，即是指犯罪人的人身危险性相对于死刑立即执行的犯罪人有所减弱。① 在共同犯罪中则表现为有罪行并不是最严重，或者在同一或同类案件中罪行不是最严重的情形。我国的共犯体系设置是按照作用类型进行划分的，在此基础上决定了处罚原则，即作用分类标准下的主犯与从犯，承载着量刑功能，直接决定和评价行为人的刑罚轻重。诚然，共同犯罪中，地位高的人较地位低的人应当重处，但地位相当时，就应当根据在共同犯罪中所起的作用来具体认定。司法实践中存在地位高但作用相对较小，也存在虽然地位不及他人，但在案发时起的作用巨大的情形。因此，武断地认

① 张明楷：《刑法学》（第五版），法律出版社2016年版，第531页。

为地位最高者量刑最重的想法是不合理的，必须结合具体案件进行具体分析。恶势力作为共同犯罪的一种形式，亦适用。

那么，如何判断各被告人作用的大小呢？笔者认为，应以对结果的参与程度为基础来认定。作为实现犯罪行为这一过程中的核心人物，实际实施如恶势力犯罪中暴力、破坏社会秩序等行为的被告人的量刑一般高于其他共犯，这是因为实际实施者与结果之间的关系是最为直接和密切的，对现场的控制能力是其他共犯无法比拟的，其行为的不同，可能导致截然不同结果的发生，因此，对于恶势力犯罪，被告人对结果的参与程度从根本上决定了各被告人作用的大小。就如本案的故意伤害罪来说，既纠集他人又实际参与砍打的，比仅纠集或仅实际参与砍打的作用要大，实际参与砍打的被告人的作用比没有实际参与砍打的要大，而仅提供车辆等工具用于跟踪、未参与砍打的显不属于主犯的行列；在实际参与砍打的被告人中，以参与程度的高低进行判断，率先纠集、纠集积极性高、纠集人数多，实际砍打被害人而非仅按住手脚等的，均应认为作用较大；等等。

沈伟军作为起意者和主使者，是该恶势力中"总指挥者"，沈伟军通过汪任丙而指使程栋去实施伤害行为，后由程栋纠集徐月欢等人，从犯意提起到结果发生各个环节均起到了重要的作用，其作用是凌驾于程栋及程栋纠集的整个恶势力团伙之上的，其地位显然是最高的，从量刑上不应当轻于程栋。但是，本案的特殊性在于，沈伟军虽总领本案的整个恶势力犯罪，提供资金支持所有其他被告人的犯罪活动，但从伤害的过程和结果来看，沈伟军对致死王刚良的结果控制力却不如程栋强。具体来说，首先，沈伟军仅指使程栋一人负责砍打王刚良一事，之后纠集的徐月欢等人均由程栋自己纠集，并由程栋安排徐月欢等人对王刚良进行蹲守、跟踪等，整个过程的安排均是根据程栋的指挥在持续发展下去；其次，沈伟军并未参与现场砍打，沈伟军授意程栋时没有明确表示对王刚良的具体伤害程度，说明程栋等人在砍打王刚良时，对现场造成损伤程度的可控性较大，具体损伤程度由程栋根据现场情况确定；最后，程栋实际参与砍打王刚良，且其砍打的作用又比其他受纠集者的大，因此，沈伟军即使是引起者、出资者，但从对结果的最终控制程度上不及程栋的作用大，加之，沈伟军通过亲属在二审期间赔偿50万元给王刚良亲属，弥补了王刚良亲属部分经济损失，表现了一定的悔意。基于此，笔者认为，沈伟军在本案中所起的作用较程栋较小，人身危险性相对于程栋有所减弱，沈伟军的罪行并不是本案中最严重的，属于"可不立即执行"的情形。

当然，以上并不是说所有的犯意引起者均比实际纠集者在恶势力犯罪中的作用大或小。本案中，犯意引起者虽比实际纠集者作用小，但其仍比其他伙同策划、准备工具者的作用大，笔者想说明的是，因司法实践纷繁复杂，必须根据案件具体情况具体分析，对各被告人在该犯罪中的作用大小进行区分。

（**一审法院合议庭成员** 武 胜 沈 励 王笑峻
二审法院合议庭成员 施永来 连 郑 陈上委
复核审法院合议庭成员 冉 容 孟 伟 周 军
编写人 浙江省杭州市中级人民法院 武 胜 陆 菁
责任编辑 周维明
审稿人 李玉萍）

陈柏、陈巍等信用卡诈骗案

——以虚假的身份证明骗领信用卡的认定

关键词：信用卡诈骗　虚假的身份证明　恶意透支　冒用他人信用卡

【裁判要旨】

1. 如果申领人提供的身份证明文件是真实的，只是在自己的财产证明、工资收入等方面进行夸大，向发卡行提供不实信息以获取较高的信用卡授信额度，不属于使用虚假的身份证明骗领信用卡。

2. 对于实际用卡人的恶意透支行为，实际持卡人构成使用信用卡恶意透支型信用卡诈骗罪的正犯，卡的实际使用人构成恶意透支型信用卡诈骗罪的共犯和冒用他人信用卡类型的信用卡诈骗罪的正犯的想象竞合。

3. 以非法占有为目的是骗取贷款罪和信用卡诈骗罪的主要区别。

【相关法条】

《中华人民共和国刑法》第一百九十六条　有下列情形之一，进行信用卡诈骗活动，数额较大的，处五年以下有期徒刑或者拘役，并处二万元以上二十万元以下罚金；数额巨大或者有其他严重情节的，处五年以上十年以下有期徒刑，并处五万元以上五十万元以下罚金；数额特别巨大或者有其他特别严重情节的，处十年以上有期徒刑或者无期徒刑，并处五万元以上五十万元以下罚金或者没收财产：

（一）使用伪造的信用卡，或者使用以虚假的身份证明骗领的信用卡的；

（二）使用作废的信用卡的；

（三）冒用他人信用卡的；

（四）恶意透支的。

前款所称恶意透支，是指持卡人以非法占有为目的，超过规定限额或者规定期限透支，并且经发卡银行催收后仍不归还的行为。

盗窃信用卡并使用的，依照本法第二百六十四条的规定定罪处罚。

【案件索引】

一审：吉林省四平市铁东区人民法院（2017）吉0303刑初42号（2017年6月15日）

二审：吉林省四平市中级人民法院（2017）吉03刑终239号（2017年10月19日）

【基本案情】

法院经审理查明：被告人陈柏伙同陈巍于2014年3月使用假的单位证明文件，以被告人陈巍的名义在四平市工商银行办理牡丹信用卡，卡号为622233004602××××，在银行作分期付款后，透支人民币18万元在四平市润德汽车销售有限公司购买一台价值人民币25.98万元的本田CRV越野车。他们将该车提出后以人民币18万元价格卖给朱亮。其中10万元交给四平市润德汽车销售有限公司，6万元人民币被被告人陈柏用于还欠款。发卡行已收还款1万元，尚欠本金17万元。发卡行工作人员多次以电话和上门催收方式向被告人陈柏、陈巍催收，其均未归还透支款项。

被告人陈柏伙同陈浩于2014年3月使用假的单位证明文件，以被告人陈浩的名义在四平市工商银行办理牡丹信用卡，卡号为622233004602××××。在银行作分期付款后，透支人民币11.9万元在四平市英驰汽车销售服务有限公司购买一台价值人民币17.08万元的华泰E70轿车。他们将该车提出以后以人民币5万元价格卖给王贺。发卡行已收还款6675元，尚欠本金112325元。发卡行工作人员多次以电话和上门催收方式向被告人陈柏、陈浩催收，其均未归还透支款项。

被告人陈柏伙同郭天放于2014年3月使用假的单位证明文件，以被告人郭天放的名义在四平市工商银行办理牡丹信用卡，卡号为622233004602××××。在银行办理分期付款后，透支人民币11.9万元在四平市英驰汽车销售服务有限公司购买一台价值人民币17.08万元的华泰E70轿车。他们将该车提出以后以人民币3.7万元价格卖给李志。发卡行已收还款33325元，尚欠本金85675元。发卡行多次以电话和上门催收方式向被告人郭天放催收，被告人陈柏、郭天放均未归还透支款。

【裁判结果】

吉林省四平市铁东区人民法院于2017年6月15日作出（2017）吉0303刑初42号刑事判决：一、被告人陈柏犯信用卡诈骗罪，判处有期徒刑八年，并处罚金人民币40万元；二、被告人陈巍犯信用卡诈骗罪，判处有期徒刑三年，并处罚金人民币18万元；三、被告人陈浩犯信用卡诈骗罪，判处有期徒刑二年六个月，并处罚金人民币12万元；四、被告人郭天放犯信用卡诈骗罪，判处有期徒刑二年六个月，并处罚金人民币12万元；五、责令被告人陈柏与被告人陈巍向中国工商银行股份有限公司四平信用卡部退赔人民币17万元；责令被告人陈柏与被告人陈浩向中国工商银行股份有限公司四平信用卡部退赔人民币112325元；责令被告人陈柏与被告人郭天放向中国工商银行股份有限公司四平信用卡部退赔人民币85675元。

宣判后，被告人提出上诉。

吉林省四平市中级人民法院于2017年10月19日作出（2017）吉03刑终239号刑事判决：一、撤销四平市铁东区人民法院（2017）吉0303刑初42号刑事判决。二、上诉人陈柏犯信用卡诈骗罪，判处有期徒刑六年。并处罚金人民币25万元。三、上诉人陈巍犯信用卡诈骗罪，判处有期徒刑二年，缓刑三年，并处罚金人民币5万元。四、上诉人陈浩犯信用卡诈骗罪，判处有期徒刑二年零三个月，并处罚金人民币5万元。五、上诉人郭天放犯信用卡诈骗罪，判处有期徒刑二年零三个月，并处罚金人民币5万元。六、责令上诉人陈柏与上诉人陈浩向中国工商银行股份有限公司四平信用卡部退赔人民币112325元；责令上诉人陈柏与上诉人郭天放向中国工商银行股份有限公司四平信用卡部退赔人民币85675元。

【裁判理由】

法院生效判决认为：关于虚假的收入证明是否是虚假的身份证明，对四被告人行为如何评价的问题。《刑法修正案（五）》将使用虚假的身份证明骗领信用卡的行为规定为犯罪，主要是考虑到行为人如果以真实身份申领信用卡，刷卡消费后只是财力不足以还款，大多属于民事范畴，可通过民事途径解决。但如果以虚假身份证明申领信用卡，行为人在申领信用卡时就没有打算归还用卡后所欠银行透支款项的企图已十分明显。换句话讲，申领人从申领卡时就为利用信用卡诈骗活动埋下了伏笔。从银行骗领信用卡后大肆透支取现或者疯狂刷卡消费，甚至授信额度用完，一旦被识破，即逃之夭夭。银行凭持卡人虚假身份证明、住址等资料根本无法找到持卡人，也无法挽回损失。如果申领人提供的身份证明文件是真实的，只是在自己的财产证明、工资收入等方面进行夸大，向发卡行提供不实信息，以获取较高的信用卡授信额度，不属于使用虚假的身份证明骗领信用卡。但陈巍、陈浩、郭天放作为持卡人，违反《信用卡业务管理办法的规定》，将信用卡出借给他人使用，在得知他人有恶意透支行为后，虽然有催促他人还款的行为，但在催促未果的情况下并未到公安机关报案，也未对涉案的信用卡进行挂失，未防止损失扩大。从客观上讲陈巍、陈浩、郭天放为他人的恶意透支提供了条件，并放任他人透支行为，主观上有帮助他人实施信用卡诈骗的故意与非法占有目的，应构成透支型信用卡诈骗的正犯。陈柏与三人共谋以非法占有为目的超过规定期限透支，并且经发卡银行以两种不同方式催收后仍不归还，故亦构成使用信用卡进行恶意透支类型的信用卡诈骗罪的共犯。同时陈柏使用他人的信用卡透支，侵害了发卡行的利益，破坏了金融秩序，亦构成冒用型信用卡诈骗罪的正犯，应按照想象竞合处理。

关于陈柏的辩护人提出的四人是构成骗取贷款罪还是信用卡诈骗罪的问题。法院认为，信用卡诈骗罪，是指以非法占有为目的，违反信用卡管理法规，利用信用卡进行诈骗的行为；而骗取贷款罪是指以欺骗手段骗取银行或者其他金融机构贷款的行为，二罪的区别系是否以非法占有为目的，本案四人系利用信用卡进行恶意透支，后低价转移透支钱款购买的车辆，并隐匿财产，逃避还款，应认定为以非法占有为目的。陈柏提出透支钱款被苏畅占有，其本人并未占有，因此不应认定为以非法占有为目的。法院认为因非法占有为目的不仅包括为本人占有，亦包括为他人占有，故陈柏等四人是否占有诈骗钱款不影响非法占有目的的认定，四人应构成信用卡诈骗罪。

关于陈柏提出的苏畅与左宏亮系本案的组织者和具体实施者，陈柏本人没有占有贷款，其不是具体欺骗行为的实施者，应从轻处罚的问题。经查，苏畅与左宏亮因涉嫌本案共同犯罪即信用卡诈骗罪，正被公安机关立案受理。从本案现有证据看，陈柏是信用卡诈骗具体实行行为的实行者，系实行犯、主犯，至于苏畅与左宏亮是否系陈柏信用卡诈骗的教唆犯或者共谋正犯，是否与陈柏构成共同犯罪，并不影响对陈柏的定罪，亦不影响陈柏的主犯地位，但综观全案证据，苏畅作为公司以前的法人，在陈柏欠其债务的情况下，却将公司无偿交与陈柏经营，苏畅涉嫌和陈柏共谋进行信用卡诈骗，并涉嫌非法占有诈骗款项，本案现有证据表明，陈柏系相对作用较轻的主犯，原审法院对其按作用相对较重的主犯量刑，属量刑过重，应予纠正。

对于陈巍的量刑问题，鉴于陈巍具有立功情节，犯罪情节较轻，认罪、悔罪意识明确，主动上缴罚金，且没有再犯罪的危险，同时结合本案的具体情况对其可判处缓刑。

同样，对于陈浩和郭天放的量刑因一审适用法律不当，二审应当给予相应调整。

【案例注解】

本案是持卡人为实际用卡人创造条件，并放任实际用卡人恶意透支的案件。在办卡时持卡人使用了虚假的收入证明，真实的身份证明。为了有效处罚信用卡犯罪中的这类不法行为，防止形成处罚漏洞，并且做到罚当其罪，避免产生法律适用体系和逻辑上的矛盾。结合本案具体分析，希望通过分析对以虚假的身份骗领信用卡如何认定，冒用他人信用卡进行信用卡诈骗的“冒用”是否受持卡人意志的限制，恶意透支型信用卡诈骗如何认定“恶意”起到一定的参考作用。

一、使用真实的身份证件和虚假的收入证明骗领信用卡是否属于《刑法》第一百九十六条第一款第一项使用虚假的身份证明骗领信用卡的问题

一审法院审理时认为：使用真实的身份证件和虚假的收入证明应认定为使用虚假的身份证明骗领信用卡。二审法院认为，一审法院的观点存在缺陷，一方面，虽然申领信用卡需要收入证明，也需要身份证明，显然收入证明和身份证明是并列、并存关系，而不是包含关系。而收入证明中必然载明所在单位，但这并不意味着收入证明也体现了身份，代表了身份证明，将收入证明解释为身份证明实际上是类推解释。而我国《刑法》是禁止类推定罪的。另一方面，如果把虚假的收入证明直接认定为虚假的身份证明，那么使用真实的身份证明和虚假的收入证明办理信用卡的，就直接成立了《刑法》第一百九十六条第一款第一项规定的犯罪。这样认定明显不当，虚假的收入证明并不能直接证明行为人主观上从一开始就具有逃避偿还债务的目的，也不能直接证明行为人申

领信用卡时缺乏相应的资产，进而无法认定行为人具有非法占有的目的。

本案中，陈巍、陈浩、郭天放使用真实的身份证明和虚假的收入证明骗领信用卡，该收入证明中虽然包括所在单位，但并不能代表身份证明，故陈巍、陈浩、郭天放三人的行为不属于以虚假的身份证件骗领信用卡，如果涉及其他犯罪应该另行评价。

对于身份证明真实但收入证明等其他材料不实的信用卡持有人，无法依据《刑法》第一百九十六条第一款前三项的规定进行定罪。但若该卡持有人存在恶意透支的情况，则可依据《刑法》第一百九十六条第一款第四项之规定认定成立恶意透支型信用卡诈骗。

二、无身份的人能否成为身份犯的共犯，即实际用卡人陈柏能否成为恶意透支型信用卡诈骗罪的共犯问题

根据《刑法》第一百九十六条第二款规定，所谓恶意透支，是指信用卡的持卡人以非法占有为目的，超过规定限额或者规定期限透支并且经发卡银行催收后仍不归还的行为。从该条规定可以看出恶意透支持卡人是特殊身份，即恶意透支型信用卡诈骗罪系身份犯。

本案中，持卡人陈巍、陈浩、郭天放显然系该条规定的身份犯，对于无身份人即卡的实际使用人陈柏能否成为透支型信用卡诈骗的共犯的问题值得探讨。在我国《刑法》中，身份关系比较复杂。在某些情况下，可能出现具有不同身份的人共同犯罪的情形。在这种具有不同身份的人共同犯罪的情况下，如何对不同身份的人定罪呢？关于这个问题，2000 年 6 月 30 日《最高人民法院关于审理贪污、职务侵占案件如何认定共同犯罪几个问题的解释》第一条作出了规定："行为人与国家工作人员勾结，利用国家工作人员的职务便利，共同侵吞、窃取、骗取或者以其他手段非法占有公共财物的，以贪污罪共犯论处。"这条规定就为身份犯的共犯认定提供了实践中的法律依据。同样，本案中，使用信用卡恶意透支型信用卡诈骗犯罪中卡的实际使用人（无身份人）也可以理解为持卡人（身份犯）的共犯。即陈柏作为卡的实际使用人与持卡人陈巍、陈浩、郭天放构成透支型信用卡诈骗罪的共犯。

三、关于恶意透支型诈骗罪的"恶意"，即非法占有目的的认定问题

《刑法》第一百九十六条第二款规定，前款所称恶意透支，是指持卡人以非法占有为目的，超过规定限额或者规定期限透支，并且经发卡银行催收后仍不归还的行为。诈骗罪的以非法占有为目的是构成要件要素，信用卡诈骗罪系

特殊类型的诈骗罪，当然也要求有非法占有目的，如果在透支时没有非法占有目的，只是由于投资资金周转不开或者因投资亏损等客观原因导致资金无法归还就不宜认定为以非法占有为目的。2009 年《最高人民法院、最高人民检察院关于办理妨害信用卡管理刑事案件具体应用法律若干问题的解释》中对以非法占有为目的作了详细规定。具体实践中应结合行为人的行为状况具体分析。比如事前明知没有还款能力大量透支，事中透支后肆意挥霍透支资金，透支后逃匿、改变联系方式，逃避银行催收，使用透支的资金进行违法犯罪活动等等。

具体到本案，被告人低价转卖用透支钱款购置的车辆，转移财产，并经发卡行催收后超过法定期限逃避还款，应当认定为具有非法占有目的。而非法占有目的不仅包括为本人占有，亦包括为他人占有，故持卡人在为卡的实际使用人透支创造条件，并放任其透支的情况下亦认定为具有非法占有的目的并无不妥。

四、冒用他人信用卡类型的信用卡诈骗罪中的冒用是否以违背持卡人意志使用卡为前提

笔者认为，征得持卡人本人同意仅仅是获得了信用卡的使用权，在卡的实际使用人并未透支的情况下应不构成任何犯罪。在实际用卡人与持卡人均不归还的情况下，被害人不是持卡人，而应是银行。信用卡诈骗罪放在《刑法》第三章第五节金融诈骗罪中，立法者将其置于此，意在保护社会主义的金融秩序，而不是保护他人财产所有权，即使持卡人被欺骗，但银行没被欺骗，是不构成冒用型信用卡诈骗罪的，所以冒用他人信用卡并不一定以违背持卡人意志使用卡为前提。

本案中，即使陈巍、陈浩、郭天放三人同意陈柏恶意透支，该同意也是无效的。相对于发卡银行而言，陈柏的行为仍然属于冒用他人信用卡。所以对陈柏的行为适用《刑法》第一百九十六条第一款第三项关于冒用他人信用卡的规定与透支型信用卡诈骗的共犯想象竞合处理才能做到罪刑相适应。

（**一审法院合议庭成员** 翟淑荣　宋　煜　张伟杰
二审法院合议庭成员 张雨桐　董　莉　钱红英
编写人 吉林省四平市中级人民法院　钱红英
责任编辑 周维明
审稿人 李玉萍）

民 事

广东省消费者委员会诉广州悦骑信息科技有限公司消费民事公益诉讼纠纷案

——消费公益诉讼案中消费者权益保护与规范企业有序经营

关键词：民事 消费公益诉讼 众多不特定消费者 共享单车 押金使用 信息披露 赔礼道歉

【裁判要旨】

1. “共享单车”经营者将消费者交付的押金用于生产、经营，应以不超责任财产承受能力为限，超出责任财产承受能力的，应有保证及时退还消费者押金的足够担保。否则，“共享单车”经营者的行为构成对众多不特定消费者合法权益的侵害进而损害了社会公共利益。人民法院应当支持消费者委员会提出的经营者停止收取押金的诉讼请求。

2. “共享单车”经营者应以公众知晓的方式向消费者披露押金收支、使用、退还等涉及押金安全的相关信息，以满足消费者的知情权和选择权。

3. “共享单车”经营者不因被裁定破产而停止执行赔礼道歉义务。

4. 消费者委员会为提起公益诉讼而支付的合理费用由被告承担。

【相关法条】

《最高人民法院关于审理消费民事公益诉讼案件适用法律若干问题的解释》第一条 中国消费者协会以及在省、自治区、直辖市设立的消费者协会，对经营者侵害众多不特定消费者合法权益或者具有危及消费者人身、财产安全危险等损害社会公共利益的行为提起消费民事公益诉讼的，适用本解释。法律规定或全国人大及其常委会授权的机关和社会组织提起的消费民事公益诉讼，适用本解释。

第十三条第一款 原告在消费民事公益诉讼案件中，请求被告承担停止侵害、排除妨碍、消除危险、赔礼道歉等民事责任的，人民法院可予支持。

【案件索引】

一审：广东省广州市中级人民法院（2017）粤01民初445号（2018年3月28日）

【基本案情】

原告广东省消费者委员会诉称：

1. 被告提供的“小鸣单车”互联网租赁自行车服务在押金退还方面存在侵权事实，侵害了众多不特定消费者的财产安全保障权，理应立即停止此种拖延退还消费者押金的行为。（1）被告拖延退还押金，侵害了消费者的财产安全权。自2017年8月开始，原告陆续收到消费者关于被告押金逾期未退还的投诉。经原告统计，截至2017年12月8日，原告共收到消费者对被告的投诉2952件（不含来访）。针对消费者投诉增多，原告加大了对消费者投诉的处理力度，但被告消极被动，不仅未及时处理原告转办的投诉，对原告提出的保护消费者合法权益的要求也未加落实，导致消费者投诉不断增加和积压。根据《消费者权益保护法》第七条，被告拖延退还消费者押金，已然侵害了消费者的财产安全权。（2）被告侵害了众多不特定消费者的合法权益。在处理关于被告的投诉过程中，原告先后两次向被告询问押金不能按时退还的相关问题，被告回函称：“（2017年）6月份以来，广东省申请退还押金的用户有261289人，已退用户200865人，未退用户30124人，在承诺期限内延迟退款的用户有10156人”，“截至2017年10月16日，小鸣单车广东省申请退押金的用户数为321681人，已收到押金退款的用户数为271806人”，从被告的单方陈述看，遭受被告逾期退还押金甚至至今仍没有退到押金的消费者众多，且数量不断变化。同时，被告在诸多消费者投诉押金退还已经逾期、构成严重违约的情形下，仍接受不特定的消费者作为新用户注册并继续收取押金，这表明被告至今对逾期退押仍持放任态度，仍涉嫌对后续不特定多数新用户存在侵权的故意。这充分说明，被告侵害的对象符合众多不特定消费者这一特征。鉴于此，请求法院根据《最高人民法院关于审理消费民事公益诉讼案件适用法律若干问题的解释》第十三条，判令被告立即停止拖延退还消费者押金的侵权行为。

2. 被告提供的“小鸣单车”互联网租赁自行车服务在押金收取、存管及退还方面存在缺陷，侵害了消费者的财产安全权、知情权、公平交易权，理应完善押金管理和披露制度。（1）被告押金管理存在缺陷，侵害了消费者的财产安全权，押金作为消费者租用特定标的物的担保资金，是消费者的个人财产，任何单位和个人都无权处置。根据《消费者权益保护法》第十八条，被告应充分保证消费者的财产安全。但被告对消费者收取的押金，并未按照规定开立押金专用账户，未严格与其企业自有资金进行区分，实施专款专用，致使押金处于无人监管、可随意挪用的状态，对消费者的财产安全构成威胁，已然侵害了消费者的财产安全权。（2）被告侵害了消费者的知情权，消费者使用被告的“小鸣单车”需先下载手机App进行注册并交纳押金199元，退还押金只基于消费者申请，被告承诺在退押申请后的1～7个工作日内，押金予以原路退还。除此之外，消费者对押金所涉的其他事项无从知悉。且在原告向被告调查押金管理相关问题时，被告确认其押金账户开设在华夏银行广州分行，账户的性质为银行托管的资金账户，但经原告向华夏银行广州分行发函了解，被告开设的资金账户为一般账户，并非第三方监管的银行专用账户，其收取的消费者押金没有实施银行托管。根据《消费者权益保护法》第八条、第二十条，被告对消费者、消费者组织均未能履行真实告知义务，侵害了消费者的知情权。（3）被告侵害了消费者的公平交易权，“小鸣单车”App中有关押金退还说明是由被告单方制定的格式条款进行规定的，限制了消费者对押金的财产权，是对消费者不公平不合理的条款，违反了《消费者权益保护法》第二十六条规定。另外，交通运输部等10部门发布的《关于鼓励和规范互联网租赁自行车发展的指导意见》第四条第十二款也明确要求企业应建立完善用户押金退还制度，加快实现“即租即押、即还即退”，被告作为互联网租赁自行车运营企业应当予以遵守执行。根据上述侵害事实和理由，请求法院根据《最高人民法院关于审理消费民事公益诉讼案件适用法律若干问题的解释》第十三条判令被告停止对消费者相关权利的侵害，对消费者押金实施专款专用、即租即押、即还即退、第三方监管措施，并向消费者完整披露相关情况。

3. 被告逾期退押的情况非常严重，应对新注册消费者采用免押金的方式提供服务。鉴于目前被告就押金的存管、使用存在缺陷，逾期退押的情况非常普遍，严重侵害了消费者的合法权益，在被告尚未建立合理、可行、充分的退押保证机制之前，由于用户缴纳的押金与被告的其他资产无法实现法律意义上的隔离，消费者缴付的押金未能得到法律意义上的安全保障，为避免目前被告不规范存管、使用押金的做法给后续更多用户的财产造成威胁、甚至造成损害，引发更多、更大的社会问题，被告在这期间，应对新注册消费者采用免押金的方式提供服务。

4. 被告的行为给消费者造成了精神上的困扰和负担，应承担赔礼道歉的民事责任。被告的前述侵权行为，给消费者造成了互联网租赁自行车消费过程中极端的不便利，并因被告的消极处理和拒不退还押金的行为，给消费者造成了精神上的困扰和不必要的负担，根据《最高人民法院关于审理消费民事公益诉讼案件适用法律若干问题的解释》第十三条，请求法院判令被告在社会媒体、自身网站、微信公众号、App 软件平台公开赔礼道歉。

5. 原告就被告涉及侵害消费者合法权益的行为已经履行了公益性职责。原告在收到“小鸣单车”用户投诉后，已经履行下列公益性职责：（1）受理投诉并进行调解；（2）致电被告要求其作出说明；（3）建立了投诉转接机制；（4）向被告发函调查询问；（5）约谈被告相关负责人；（6）向被告的开户银行查询。

综上，请求法院判令：（1）被告广州悦骑公司立即停止拖延退还消费者押金的行为；（2）被告广州悦骑公司对消费者押金实施专款专用、即租即押、即还即退、第三方监管措施，并向消费者完整披露；（3）被告广州悦骑公司对新注册消费者采用免押金的方式提供服务；（4）被告广州悦骑公司在全国公开发行的报纸及广东省省级以上媒体公开赔礼道歉；（5）本案诉讼费、公证费、律师费等合理费用由被告广州悦骑公司承担。

被告广州悦骑公司辩称：

1. 目前，被告广州悦骑公司管理瘫痪，经营停止，包括高管、技术人员在内的员工，基本未交接文件手续均即离开，也不再配合公司调度，是故目前被告广州悦骑公司难以掌握、提供如注册用户数量、押金申退等与庭审有关的资料和数据。

2. 造成无法退还用户押金的原因，并非被告广州悦骑公司主观恶意拖延。目前，被告广州悦骑公司没有可处置的资金，无法继续解决剩余用户押金退还问题，也无法立即恢复营运盈利。造成纠纷的原因，是自 2017 年突然引发的共享单车免押金骑乘，导致行业竞争激烈，被告广州悦骑公司经营恶化，而用户大面积退押，造成被告广州悦骑公司资金缺口巨大。被告广州悦骑公司是推动绿色出行的一分子，无奈“共享单车”作为新兴产业，其发展难免是一个不断试错的过程。这两年共享单车行业已进入寒冬期，众多同行纷纷“倒下”，被告广州悦骑公司也是受害者之一，这个结果是客观的经营问题，而非被告广州悦骑公司恶意侵害消费者的权益。被告广州悦骑公司希望社会上，能够对新兴事物有包容之心，客观对待失败的经营者。

3. 被告广州悦骑公司在尚有能力时，努力解决押金退还问题。被告努力配合原告广东省消费者委员会等机构的指导和安排，其中包括安排工作人员专门与原告省消委会、广州市消费者委员会等机构开展线上、线下互动并落实退款工作，当中也完满解决了不少投诉个案。随着经营恶化，被告广州悦骑公司也曾努力尝试寻求第三方融资合作、重组公司，但无奈种种客观因素及阻力，投资方最终却步，被告广州悦骑公司重组失败，无法解决资金链问题。

4. 被告广州悦骑公司仍会寻求最佳的合法途径妥善解决问题。被告广州悦骑公司人员流失、营运瘫痪、公司资产已全面失控。被告广州悦骑公司不排除通过清算、破产方式去解决消费者、劳资、税务、供应商债务等问题。同时，被告广州悦骑公司为避免继续扩大影响，“小鸣单车”App已不再对新注册用户收取押金。被告广州悦骑公司再次对广大消费者和社会各界致歉，望予以谅解。

5. 被告现在已经停止运营，不会产生新的经营，不存在专款专用、即租即押、即还即退和第三方监管的情况，客观上也已经停止向新注册消费者收取押金，同意赔礼道歉。

6. 消费者都是通过App注册后缴纳押金，都是固定的合同相对人，并非不特定的消费者，不属于民事公益诉讼所保护的对象，原告无权提起本案诉讼。本案诉争的基本事实，只涉及被告押金退还的民事合同法律关系，而不是本案原告进行公益诉讼的侵权法律关系。被告与消费者之间并没有就押金退还及合同履行的期限进行约定，并不构成违约，被告广州悦骑公司作为经营人使用经营账户中的资金，并不违法，原告提起诉讼并不符合众多不特定消费者的构成要件。

法院经审理查明：2016年7月29日，被告广州悦骑公司成立。之后，被告广州悦骑公司通过开发的“小鸣单车”App向消费者提供“小鸣单车”服务。消费者使用被告广州悦骑公司的小鸣单车，需先下载手机App进行注册并交纳199元押金，退还押金只基于消费者申请，被告广州悦骑公司承诺在退押申请后的1~7个工作日内，押金予以原路退还。

自2017年8月开始，原告广东省消费者委员会陆续收到消费者关于被告广州悦骑公司押金逾期未退还的投诉。截至2017年12月8日，原告广东省消费者委员会共收到消费者对被告广州悦骑公司的投诉2952件次。

原告广东省消费者委员会收到消费者投诉后，履行了下列公益性职责：(1)受理投诉并进行调解；(2)致电被告广州悦骑公司要求其作出说明；(3)建立了投诉转接机制；(4)向被告广州悦骑公司发函调查询问；(5)约谈被告广州悦骑公司相关负责人；(6)向被告广州悦骑公司的开户银行查询。

另查明，原告广东省消费者委员会系在广东省事业单位改革服务局登记的事业单位法人，其宗旨和业务范围为依据《消费者权益保护法》，开展对商品和服务的社会监督，受理消费者投诉，保护消费者合法权益。

再查，法院于2017年12月18日受理本案后，对本案受理情况进行了公告。但直至开庭前，无任何有权机关或社会组织申请参与本案诉讼。

【裁判结果】

广东省广州市中级人民法院于2018年3月28日作出（2017）粤01民初445号民事判决：一、被告广州悦骑信息科技有限公司按承诺向消费者退还押金，如不能满足退还押金的承诺，则对新注册消费者暂停收取押金，同时在本判决生效之日起10日内，将收取而未退还的押金向“小鸣单车”运营地的公证机关依法提存，并向未退还押金的消费者公告；二、被告广州悦骑信息科技有限公司于本判决生效之日起10日内，以公众足以知晓的方式向消费者真实、准确、完整披露押金收支、使用、退还等涉及消费者押金安全的相关机制和流程等信息，将披露内容向注册地公证机关进行公证，并向注册地工商行政管理部门备案；三、被告广州悦骑信息科技有限公司于本判决生效之日起10日内，在《广州日报》A1版和广东省省级以上电视台发表经本院认可的赔礼道歉声明；四、被告广州悦骑信息科技有限公司于本判决生效之日起10日内，向原告广东省消费者委员会支付调查取证、委托律师代理的合理费用共计23054元。一审判决后，双方当事人均未提出上诉，本判决已经生效。

【裁判理由】

法院生效裁判认为：

一、原告广东省消费者委员会是否有权提起本案诉讼

被告广州悦骑公司将押金用于生产、经营，虽无法律禁止性规定或约定排

除，但根据诚实信用原则，被告广州悦骑公司将消费者交付的押金用于生产、经营，应以不超出责任财产承受能力为限，超出责任财产的承受能力的，应有保证及时退还消费者押金的足够担保。否则，挪用消费者押金的行为属于恶意，有关责任方应承担责任。被告广州悦骑公司不能在满足上述条件的情况下使用消费者押金，应将消费者支付的押金作专款专用，以免造成退还不能的后果。被告广州悦骑公司的恶意行为，侵犯了广大消费者的财产权、知情权。被告广州悦骑公司辩称，消费者都是通过App注册后缴纳押金，都是固定的合同相对人，并非不特定的消费者，不属于民事公益诉讼所保护的对象。但“小鸣单车”App是向符合条件的所有消费者开放，想要使用“小鸣单车”的消费者都可成为其用户，故“小鸣单车”的消费者既有现实的又有潜在的，并非仅指已在“小鸣单车”App注册的消费者。被告广州悦骑公司的行为既侵害了已知消费者的合法权益，亦对潜在消费者的合法权益构成损害危险，故其损害的是不特定消费者群体的合法权益。被告悦骑公司的侵权行为，打击了消费者的消费信心，破坏了诚信经营的市场秩序，动摇了互联网经济繁荣的信任基础，危及了社会公共利益。原告关于“人人都是消费者，故而消费者利益是社会公共利益重要组成部分”的辩论意见，与日常生活经验相符，应予支持。原告作为经广东省人民政府批准在广东省设立的消费者协会，根据《民事诉讼法》第五十五条、《消费者权益保护法》第四十七条、《最高人民法院关于审理消费民事公益诉讼案件适用法律若干问题的解释》第一条之规定，有权提起本案诉讼。

二、被告广州悦骑公司是否应承担民事责任，如承担，应承担何种民事责任

被告广州悦骑公司侵害了众多不特定消费者的财产权、知情权，其虽在答辩中就无法退还押金一事表示道歉，并希望消费者对于“共享单车”这一新兴事物持有包容和谅解之心，客观对待被告广州悦骑公司的经营失败，但消费者的利益不容小觑，被告广州悦骑公司未能及时退还押金，也未及时披露相关信息，企图让广大消费者为其经营失败买单，这显然是其为逃避退还押金作出的无效辩解，不足以成为其在公益诉讼案件中免除民事责任的法定理由；被告广州悦骑公司向法院提交了案外人申请其破产的证据材料，拟证明被告广州悦骑公司基本停止经营，现已无新注册用户，客观上也没有资金用于清退消费者押金。但从现有证据看，被告广州悦骑公司主体资格并未消灭，即使被告广州悦骑公司现已停止经营，也属自主临时措施和经营策略，仍可随时再次上线经

营，其仍是法律上的经营主体和责任主体。故根据《消费者权益保护法》第四十八条、《最高人民法院关于审理消费民事公益诉讼案件适用法律若干问题的解释》第十三条第一款之规定，被告广州悦骑公司仍应承担停止侵害、排除妨碍、消除危险、赔礼道歉等民事责任。

基于以上认定，被告广州悦骑公司应按承诺向消费者退还押金，被告广州悦骑公司如不能满足退还押金的承诺，则应对新注册消费者暂停收取押金，同时向申请退还押金的消费者及时退还押金，以停止对消费者财产权的侵害及消除对新注册消费者财产安全权的损害危险。根据任何人不能在自己的违法行为中获益这一常识，对消费者因故放弃的债权，依法不能让被告广州悦骑公司享有。从方便“小鸣单车”不同运营地消费者实现权益的角度出发，被告广州悦骑公司应向“小鸣单车”运营地的公证机关依法提存未能退还的押金，并向未退还押金的消费者公告。提存的押金，由提存机关依规定处理。

被告广州悦骑公司经营的“小鸣单车”直接面对不特定消费者，与公众公司无异，被告广州悦骑公司应当披露有关经营信息，以满足广大消费者的知情权和选择权。被告广州悦骑公司应以公众足以知晓的方式向消费者真实、准确、完整地披露押金收支、使用、退还等涉及消费者押金安全的相关机制和流程等信息。

因本案涉及社会公共利益的保护和对互联网新业态产业的规范，故被告广州悦骑公司除了向“小鸣单车”运营地的公证机关依法提存未退还的押金外，还应将披露内容向被告注册地公证机关进行公证，并向被告注册地工商行政管理部门备案，便于社会监督和行政监管，以构建运营地、注册地共建、共治、共享的社会管理格局，有效保护广大消费者的合法权益和规范企业的经营行为。案涉押金分散到个人消费者虽数额不大，但被告广州悦骑公司逾期不退押金的行为给消费者造成了困扰和不便，对消费信心是一种打击，被告广州悦骑公司应当通过公开赔礼道歉的方式，请求消费者的谅解，且公开赔礼道歉亦与被告广州悦骑公司的答辩意见相符。从必要性和合理性角度出发，考虑到判决的确定性和可执行性等因素，法院判令被告广州悦骑公司在《广州日报》A1版和广东省省级以上电视台上发表声明，公开赔礼道歉，道歉内容须经法院审定后发布。被告广州悦骑公司的信息披露和赔礼道歉义务，不因法院裁定受理关于被告广州悦骑公司的破产申请而停止执行。

法院通过支持原告的上述请求，可满足民事公益诉讼对众多不特定消费者合法权益的保护，维护社会公共利益。对原告广东省消费者委员会提出的其他诉讼请求，虽然合理，但目前缺乏必须为之的法律依据，法院不作调处。原告广东省消费者委员会在本公益诉讼中代表的是不特定的消费者，但并不排斥个人消费者向被告广州悦骑公司另行主张权利。如个人消费者认为民事公益诉讼不足以保护其合法权益，可依照《民事诉讼法》第一百一十九条的规定主张权利。

三、原告广东省消费者委员会主张的合理费用应否得到支持

《最高人民法院关于审理消费民事公益诉讼案件适用法律若干问题的解释》第十八条规定："原告及其诉讼代理人对侵权行为进行调查、取证的合理费用、鉴定费用、合理的律师代理费用，人民法院可根据实际情况予以相应支持。"本案中，原告广东省消费者委员会为本案的诉讼委托了两位代理律师，为取得被告广州悦骑公司存在侵犯消费者合法权益的证据，对"小鸣单车"App相关内容进行证据保全，并就上述事项所涉费用向法院提交了相关证据予以证实，法院经审查并无不合理之处，故对原告广东省消费者委员会主张的23054元合理费用予以全额支持。

【案例注解】

一、公益诉讼与私益诉讼有序衔接

消费公益诉讼主要通过对不特定消费者合法权益的保护，来维护社会公共利益，实现修复或改善某一领域消费环境，而私益诉讼着重维护个人民事权益。虽然二者之间在诉讼主体、诉讼请求、程序特点等方面存在差异，但消费公益诉讼和私益诉讼如"鸟之两翼，车之双轮"，在保护消费者合法权益领域都发挥着重要作用，二者不可偏废。而就消费公益诉讼而言，其具有替代性和补充性的优势，例如让每一个权利受损的消费者都通过私益诉讼来保护其合法权益以及让经营者对每一个消费者分别进行赔礼道歉，不具有现实可能性和可操作性，需要公益诉讼来弥补。因此，厘清公益诉讼和私益诉讼的界限，实现消费公益诉讼与私益诉讼的有序衔接，成为人民法院审理消费公益诉讼迫切需解决的问题，只有这样才能保证维护消费者合法权益的全覆盖。否则，既不利于对社会公共利益的维护，又不利于对私人权益的救济。

本案秉承了上述原则，在案件审理过程中，通过说理和判项的选择对消费公益诉讼和私益诉讼进行准确界定，实现二者的有序衔接。

一是通过对众多不特定消费者的认定，将本案纳入公益诉讼审理的范畴。

有观点认为，本案消费者属特定群体，因投诉押金退还的消费者身份比较固定和具体，均可在“小鸣单车”的客户资料里找到完整的数据，故与《最高人民法院关于审理消费民事公益诉讼案件适用法律若干问题的解释》规定的众多不特定消费者这一要素不符，消费者委员会显然无权提起本案诉讼。但这种观点忽略了一个事实，那就是“小鸣单车”App向所有消费者开放，因人人都是消费者，任何人都可成为“小鸣单车”的消费者，在“小鸣单车”已不能履行对已知消费者押金退还的承诺时，则必然对潜在选择“小鸣单车”的消费者造成损害危险，故其损害的必然是不特定消费者群体的合法权益，而不能狭隘地理解为仅是投诉退还押金的消费者权益受到侵害。基于此，消费者委员会有权提起本案诉讼，法院将本案作为消费公益诉讼进行审理。

二是确定了“即发侵权”理论在消费公益领域借鉴适用的规则。“即发侵权”是知识产权领域的理论，是指侵权活动开始之前，权利人有证据证明某行为很快就会构成对权利的侵犯，或该行为的正常延续必然构成侵权行为，权利人可依法予以起诉。本案中，“小鸣单车”对消费者退还押金所作出的承诺，不仅仅是对消费者个体作出，也是对众多不特定消费者群体作出，其对某一消费者退还押金义务之违反亦应视为对众多不特定消费者群体的义务之违反，对没有申退押金的消费者和潜在消费者的押金安全亦构成危险。所以，法院通过对消费者委员会提出“人人都是消费者，消费者的利益是社会公共利益的重要组成部分”这一观点的支持以及判决“小鸣单车”如不能满足退还押金的承诺，则对新注册消费者暂停收取押金，以指引省级以上的消费者委员会及有权提起消费公益诉讼的其他机关、组织对提起公益诉讼时间节点有更准确的把握，避免损害的扩大。当然，在没有实际损害之前，如果消费者委员会有证据证明经营者的经营方式构成“即发侵权”亦可请求预防性的司法救济，这样就可以变事后救济为事前预防，最大程度地保护消费者合法权益。

三是消费公益诉讼并未越俎代庖。《最高人民法院关于审理消费民事公益诉讼案件适用法律若干问题的解释》规定，原告提出的诉讼请求，不足以保护社会公共利益的，可以向其释明变更或增加诉讼请求。有观点认为，本案应向消费者委员会释明增加损害赔偿之诉，以扩大消费者权益保护范围，但消费者遭受的损失属于消费者个体，是否愿意主张损失以及主张损失的范围属于当事人处分权的范畴。该诉请更多保护的是个人利益，具有明显的私益性，在未取得受害消费者授权的前提下，贸然增加或变更为该诉请，会产生公益诉讼和私益诉讼的混淆，该观点在公益诉讼和私益诉讼区别方面有所忽略，本案作为消费公益诉讼最终并未采取该种意见。

四是明确指引消费者可提起私益诉讼。消费公益诉讼侧重保护的是社会公共利益，覆盖整个消费群体，因个人消费者对合法权益的保护都有不同的想法和要求，人民法院所作判决并不当然让每一个消费者百分之百满意并理解，亦不可能满足每一个消费者对自身合法权益的保护要求。虽然《最高人民法院关于审理消费民事公益诉讼案件适用法律若干问题的解释》规定，因同一侵权行为受到损害的消费者可以依照《民事诉讼法》的规定另行主张权利，但并非每一个消费者均知晓在公益诉讼之外，还存在其他不同的救济方式。在此情况下，本案在判决书"本院认为部分"对于个人消费者作出明确指引，告知个人消费者，本案不排斥个人消费者另行主张权利，如认为消费公益诉讼不足以保护其合法权益，可依照法律规定另行提起诉讼。这样可让广大个人消费者在消费公益诉讼之后，对自身权利保护作出合理评估，以确定是否需要通过私益诉讼来弥补消费公益诉讼对权利保护的不足，这本身也是发挥判决普法功能的过程。

二、保护消费者合法权益与尊重企业自主经营权并行不悖

本案的审理引发社会对共享经济领域消费者权益保护问题的热议。而政治效果、法律效果、社会效果统一的处理结果亦必会对共享经济领域的其他类型案件起到引领、示范作用。

《消费者权益保护法》是一部保护消费者合法权益的法律，旨在通过保障消费维权，提升消费信心，构建和谐、公平、诚信的消费市场秩序。而《最高人民法院关于审理消费民事公益诉讼案件适用法律若干问题的解释》将消费民事公益诉讼制度落地实施，其初衷是为了能够在保护消费者合法权益与企业规范有序发展并存之间找到平衡。《中共中央关于全面深化改革若干重大问题的决定》中提出，发挥市场在资源配置中的决定性作用，尊重企业自主经营权。因人人都是消费者，消费者的利益不容小觑，故人民法院在审理消费民事公益诉讼时，应旗帜鲜明地保护消费者合法权益，通过发挥司法引领作用，督促企业树立消费者权益保护意识，履行保护消费者权益的社会责任，同时应防止以保护消费者合法权益、规范企业有序发展之名，随意侵犯企业经营自主权。

本案的审理，在对消费者合法权益保护与对企业自主经营权尊重方面，主要通过以下方式进行体现：

一是以契约精神、诚信经营为支撑，确立押金使用、归属规则。我国法律对于押金的性质并无明确规定，对此，无论是在理论界、实务界还是当事人双

方均存有争议，但人民法院并不能因此拒绝裁判，仍应探求法律的精神。不可否认的是，小鸣单车的运营方并未与消费者约定不能将押金挪作他用，仅是对押金的退还作出承诺。为鼓励和规范新业态产业发展，在无法律禁止和约定排除的情况下，法院不将小鸣单车的运营方使用押金的行为认定为侵权，即对于未约定之事项不作侵权处理，符合契约自由精神。而只有小鸣单车的运营方无法满足其作出押金退还的承诺时，因违反了诚信经营的基本社会义务，毁坏了诚信经营的市场经济基石，与社会主义核心价值观的基本内容背道而驰，才作出侵权的认定。本案以契约精神、诚信经营为支撑，对押金使用、归属规则的确立，符合处理民事案件的基本原则，这样既解决了本案审理的瓶颈，又可满足对众多不特定消费者合法权益的保护，同时，避免了在足以保护消费者合法权益时干涉企业的自主经营权。

二是以消费者权益保护的底线为出发点。本案诉讼请求的确定既是案件审理的重点，也是案件审理的难点。原告的诉讼请求包括了押金第三人监管，实施专款专用，免押金提供服务等，原告提出的该请求虽合理，但是缺乏必须为之的法律依据，同时存在干涉企业自主经营权的嫌疑。本案审理时，在满足对消费者权益保护的同时，强调通过市场法则对不予调处的诉请予以解决，可保证二者之间的利益平衡。当然，任何人不能在自己的违法行为中获益是现代法治社会中的一项重要共识，即使共享单车属于互联网新业态产业，亦只能建立在不侵害消费者合法权益的基础之上，即不能通过损害消费者合法权益来谋求利益。在保护消费者合法权益与尊重企业经营自主权之间寻求平衡，消费者合法权益不受侵害仍是不可逾越的红线。基于此，如不能满足退还押金的承诺，则对新注册消费者暂停收取押金，本案在确定判项时仍然对企业自主经营权作出一定的限制。

三、充分发挥能动司法作用，以体现对社会公共利益的保护

如前所述，消费公益诉讼主要是对不特定消费者合法权益的保护，与私益诉讼相比较，更侧重对社会公共利益的保护。因此，本案虽属于民事案件，但与一般民事案件强调当事人主义应有明显区别，这也是《最高人民法院关于审理消费民事公益诉讼案件适用法律若干问题的解释》所体现的精神。本案在审理过程中，充分把握保护社会公共利益这一核心，在现有法律框架内，通过发挥司法的能动作用，将社会公共利益最大化。

一是不作兜底判决。一般民事案件判决的书写格式，对不予支持的诉讼请求，在本院认为部分表述为予以驳回，在判项中相对应有驳回其他诉讼请求这

一项。有观点认为，本案的判决也应遵循一般民事判决的书写格式，但该观点忽略了本案作为公益诉讼自身具有的特性。因本案涉及社会公共利益的保护，法律虽规定了相关公益组织可提起公益诉讼，但毕竟公益诉讼与公益组织本身并无直接的利害关系，提起公益诉讼还得付出一定的诉讼成本，人民法院应旗帜鲜明地鼓励、保护公益组织提起公益诉讼，调动公益组织提起公益诉讼的积极性，才能更好地通过公益诉讼来保护社会公共利益。本案并未采用一般判决模式，即未作兜底判决，是发挥能动司法作用的体现，凸显了对社会公共利益的尊重，也表明对公益组织履行公益职责的支持，让公益组织能有信心、有动力，在保护消费者合法权益方面积极主动作为。

二是细化判项，保证判决的确定性和可执行性。消费者合法权益的保护和规范企业的经营行为，应通过构建共建、共治、共享的社会治理格局实现，这也是党的十九大对公共治理领域提出的目标、方向和实现路径。而上述目标的实现最终应通过判决体现出来，本案消费者委员会所提诉请虽可在一定程度满足对消费者合法权益的保护，但在判决的确定性和可执行性方面仍有所欠缺，本案通过充分发挥司法能动性，在公益组织所提诉请范围之内细化判项，将未退还的押金向公证机关提存，将所披露的信息向公证机关公证及向工商行政管理部门备案，实现对案涉押金的社会监督和行政监管，让押金的使用、收支、退还各流程在阳光下运行。同时，在判决书“本院认为部分”明确，判决确定的信息披露和赔礼道歉义务，不因被告破产而停止执行，避免了被告通过恶意破产而逃避承担法律责任，以保证判决的执行性。

（**一审法院合议庭成员** 姜耀庭 韩 方 茹艳飞 王香梅 何田生
编写人 广东省广州市中级人民法院 姜耀庭 韩 方 茹艳飞
责任编辑 杨 奕
审稿人 曹守晔）

上海泰龙房地产发展有限公司、沈介祥诉海南千博乐城开发有限公司、蒋晓松股权转让纠纷案

——民事诉讼中重复起诉的认定

关键词：民事　民间借贷　股权转让　重复起诉　让与担保

【裁判要旨】

重复起诉的判断和处理，应当兼顾和平衡起诉权保障、民事诉讼制度的目的与禁止重复起诉的宗旨规范。前后两诉当事人是否同一和诉讼标的是否同一，是判断是否构成重复起诉的一般标准。

【相关法条】

《最高人民法院关于适用〈中华人民共和国民事诉讼法〉的解释》第二百四十七条　当事人就已经提起诉讼的事项在诉讼过程中或者裁判生效后再次起诉，同时符合下列条件的，构成重复起诉：

（一）后诉与前诉的当事人相同；

（二）后诉与前诉的诉讼标的相同；

（三）后诉与前诉的诉讼请求相同，或者后诉的诉讼请求实质上否定前诉裁判结果。

当事人重复起诉的，裁定不予受理；已经受理的，裁定驳回起诉，但法律、司法解释另有规定的除外。

《最高人民法院关于审理民间借贷案件适用法律若干问题的规定》第二十四条　当事人以签订买卖合同作为民间借贷合同的担保，借款到期后借款人不

能还款，出借人请求履行买卖合同的，人民法院应当按照民间借贷法律关系审理，并向当事人释明变更诉讼请求。当事人拒绝变更的，人民法院裁定驳回起诉。

按照民间借贷法律关系审理作出的判决生效后，借款人不履行生效判决确定的金钱债务，出借人可以申请拍卖买卖合同标的物，以偿还债务。就拍卖所得的价款与应偿还借款本息之间的差额，借款人或者出借人有权主张返还或补偿。

【案件索引】

一审：上海市高级人民法院（2015）沪高民二（商）初字第1-3号（2015年7月8日）

二审：最高人民法院（2015）民二终字第315号（2016年11月28日）

再审：最高人民法院（2017）最高法民申855号（2018年5月17日）

【基本案情】

原告上海泰龙房地产发展有限公司（以下简称泰龙公司）、沈介祥诉称：泰龙公司、沈介祥于2015年5月22日诉至上海市高级人民法院，以海南千博乐城开发有限公司（以下简称海南千博公司）、蒋晓松未依案涉《补充协议》《补充协议（二）》《备忘录》《还款协议》及《执行和解协议书》的约定，履行相应股权变更过户手续为由，请求判令：（1）将海国用（2013）第3487号、3489号、3490号项下国有土地使用权所涉项目公司的股权变更过户至沈介祥、泰龙公司名下，否则应向沈介祥、泰龙公司返还15381.5万元，同时承担该价款150%计23072.25万元的赔偿责任；（2）向沈介祥、泰龙公司补偿1000万元；（3）承担本案诉讼费、保全费等一切费用。

海南千博公司在一审提交答辩状期间提出管辖异议，认为：（1）案涉《执行和解协议书》系因另案纠纷达成，不涉及本案的股权转让。该协议书对管辖法院的约定违反级别管辖及不动产纠纷专属管辖的规定，应为无效。（2）案涉“5号地块”和“7号地块”均位于海南省琼海市，本案诉讼标的额为3.9亿余元，应由上述不动产所在地的海南省高级人民法院管辖。故请求将本案移送海南省高级人民法院审理。

法院经审理查明：1.2010年4月18日，海南兴瑞泰实业有限公司（以下简称兴瑞泰公司）（转让方，甲方）与泰龙公司（受让方，乙方）签订《土地使用权转让合同》，约定：兴瑞泰公司将其名下证号为海国用（2009）第0879号土地使用权以总金额22345.90万元（含转让金及各项费用）转让给泰龙公司。合同签订后泰龙公司于2010年5月14日向兴瑞泰公司支付保证金5000万元。

2.2012年2月21日，沈介祥（债权人，甲方）、蒋晓松（债务人，乙方）、泰龙公司（丙方）、兴瑞泰公司（丁方）、上海千博投资管理有限公司（以下简称上海千博公司）、海南千博公司（乙方和丁方的担保人，戊方）签订《协议书》，约定：鉴于沈介祥（通过泰龙公司）按照蒋晓松的要求通过向蒋晓松相关公司汇款的形式，分三次合计向蒋晓松提供借款2.4亿元；2010年4月18日，泰龙公司与兴瑞泰公司签订《土地使用权转让合同》，约定兴瑞泰公司将其名下证号为海国用（2009）第0879号土地使用权转让给泰龙公司，合同签订后泰龙公司向兴瑞泰公司支付保证金5000万元，各方达成如下协议：至2012年4月30日，蒋晓松应分期归还沈介祥借款2.4亿元及利息7500万元；泰龙公司与兴瑞泰公司签订的《土地使用权转让合同》解除，兴瑞泰公司限期归还保证金5000万元及资金占用费1000万元。《协议书》第二条第四款约定："双方同意，乙方（蒋晓松）及丁方（兴瑞泰公司）按照如下约定向甲方（沈介祥）及丙方（泰龙公司）还款：1. 自签订此协议之日起至2012年8月31日前分四期全部还清：（1）本协议签订之日起十个工作日之内，乙方向甲方支付借款利息2000万元（大写：贰仟万元）；（2）2012年4月30日前，乙方向甲方归还借款利息5500万元（大写：伍仟伍佰万元）及本金2500万元（大写：贰仟伍佰万元）；（3）2012年6月30日前，乙方向甲方归还借款本金14000万元（大写：壹亿肆仟万元），丁方向丙方返还保证金5000万元（大写：伍仟万元）；（4）2012年8月31日前，乙方向甲方归还借款本金7500万元（大写：柒千五百万元），丁方向丙方支付资金占用费1000万元。2. 从2012年5月1日起至2012年8月31日止，乙方尚欠甲方本息按月息1.339%计息，丁方所欠丙方保证金及资金占用费按月息1.339%计资金占用费；从2012年9月1日起至实际清偿日止，乙方尚欠甲方本息按月息1.5%计息，丁方所欠丙方保证金及资金占用费按月息1.5%计资金占用费。"《协议书》还对担保人担保责任及担保期间作出了约定。

3.2012年8月10日，沈介祥（债权人）、蒋晓松（债务人）、泰龙公司（丙方）、兴瑞泰公司（丁方）、上海千博公司（戊方）、海南千博公司（担保方）签订了《补充协议》。对后续还款事宜约定："一、戊方（海南千博公司）应依本协议约定，以独立出资 100% 方式设立两个全资项目有限责任公司，其中一家拟设立公司（以下简称 A 项目公司），戊方以自己所拥有的位于海南省琼海市博鳌镇乐城岛开发区的 5 号地块，占地面积为 129.6 亩（其中住宅用地 120.3 亩、其余为防护绿地和公共绿地）土地使用权出资设立；另一家拟设立公司（以下简称 B 项目公司），戊方以自己所拥有的位于海南省琼海市博鳌镇乐城岛开发区的 7 号地块，占地面积为 137.87 亩（其中住宅用地 62.6 亩、旅游度假用地 41.6 亩、其余为道路和公共绿地用地）土地使用权出资设立。在此基础上，戊方愿意将以上两个公司的 100% 股权转让给甲方（沈介祥），甲方愿意按本协议约定方式受让戊方所设立的两个全资公司。二、股权转让款：在 A 公司、B 公司设立完成并取得营业执照后，戊方对 A 公司、B 公司 100% 股权按如下方式计价：1. 戊方对 A 公司 100% 股权转让价为 10830.32 万元，其计算公式为：A 公司名下 129.6 亩土地使用权（其中住宅用地 120.3 亩、其余为防护绿地和公共绿地），住宅用地土地使用权价格均以 90 万元/亩、旅游度假用地土地使用权为 50 万元/亩（此价格含防护绿地和公共绿地）。2. 戊方对 B 公司 100% 股权转让价为 7714.34 万元，其计算公式为：B 公司名下 137.87 亩土地使用权（其中住宅用地 62.6 亩、旅游度假用地 41.6 亩、其余为道路和公共绿地用地），住宅用地土地使用权价格均以 90 万元/亩、旅游度假用地土地使用权为 50 万元/亩（此价格含防护绿地和公共绿地）。3. 两个项目公司股权转让总价合计为 18544.66 万元（大写壹亿捌仟伍佰肆拾肆万陆仟陆佰元）。三、本协议相关各方同意，本协议第二条所确定的股权转让金价款用于充抵如下乙方（蒋晓松）对甲方借款本息及丁方（兴瑞泰公司）对丙方（上海泰龙）保证金、资金占用费……四、对于乙方及丁方的 8 月 31 日全部应还借款本息，甲方及丙方同意展期至 2012 年 9 月 30 日，按《协议书》第二条第 4 款约定因延迟还款产生的额外利息或资金使用费亦应于还款时向甲方及丙方支付。若乙方及丁方未按时（即未在支付展期届满日前）、足额支付本条约定的款项的，乙方、丁方除需依《协议书》第二条第 4 款 2）承担利息及资金使用费外，还须按如下约定承担逾期付款违约金并赔偿损失：1. 按自展期届满之次日起，则乙、丁方除需立即归还各自所欠款项外、还需按逾期支付款项的 1%/日向甲方、丙方支付违约金；2. 若展期届满之日三十日内仍未足额支付，还需各自按 2012 年 8 月 31 日全部应还借款本息加展期违约金的总价款的 20% 分别向甲方（乙方向甲方）、丙方（丁方向丙方）支付违约金，并各自赔偿因此而给甲方（乙方向甲方）、丙方（丁方向丙方）造成的一切损失包括利息损失（按当期银行贷款利率的四倍计赔、计至实际全部清偿日止）。

……五、戊方（海南千博）在依补充协议约定设立A、B公司并取得工商营业执照后，需依甲方通知，将戊方对A、B公司全部100%的股份转让给丙方或者丙方指定的其他公司，并于实际受让方签订为办理股权工商变更登记而需签订的股权转让协议，该股权转让协议仅系为办理股权工商变更登记之需，实际各方权利、义务以本补充协议为准。……十、本补充协议生效后，乙方所欠甲方的借款中相当A、B两个项目公司股权转让总价款的20%，自动转为甲方或者丙方应当支付给戊方的股权转让款定金。按照本补充协议的约定将上述公司股权转让至甲方、丙方或由甲方及丙方指定的其他单位或个人名下后，视为乙方、丁方已向甲方、丙方偿还了相等金额的借款本金及利息。”第十六条第二款约定：“1. 乙方、丁方、戊方、担保人不能按本协议约定内容履约的，违约方应支付给甲方及丙方违约金，违约金为本补充协议股权转让总价的20%。2. 乙方、丁方、戊方、担保人因不能在逾期或者违约之日起三日内归还欠款，自乙方逾期或违约之日起，应当支付给甲方的利息是，把《协议书》第二条第4条款第2项中的一方应当支付给甲方的借款利息调整为银行同期贷款利息的四赔（倍）。”同时，该《补充协议》明确了戊方（海南千博）和担保方（上海千博）对上述乙方（蒋晓松）、丁方（兴瑞泰公司）债务承担连带保证责任，担保期间为主债务履行期限届满之日起二年。

4. 2012年8月30日，沈介祥（债权人）、蒋晓松（债务人）、泰龙公司（丙方）、兴瑞泰公司（丁方）、上海千博投资管理有限公司（戊方）、海南千博乐城开发有限公司（担保方）签署《备忘录》。《备忘录》约定：“一、……在《补充协议》第一条的基础上，海南千博公司愿意将以上两个公司的100%股权转让给沈介祥，沈介祥愿意按照本协议约定方式受让海南千博公司所设立的两个全资公司。二、对于《补充协议》第二条修改为：股权转让价款，在A公司、B公司设立完成并取得营业执照后，海南千博公司对A公司、B公司100%股权按照以下方式计价：1. A公司100%股权转让价为10830.32万元；2. B公司100%股权转让价为7714.34万元。3. 两个项目公司股权转让总价为18544.66万元，其中包括《补充协议》第二条第4款中的市政配套20万元/亩的建设费用。”

5. 2012年10月16日，沈介祥（债权人）、蒋晓松（债务人）、泰龙公司（丙方）、兴瑞泰公司（丁方）、上海千博公司（戊方）、海南千博公司（担保方）又签订《补充协议（二）》，该协议明确了截至2012年9月30日，乙方（蒋晓松）、丁方（兴瑞泰公司）、戊方（海南千博）和担保方（上海千博）尚有1亿元未能按时支付。该协议约定：“一、甲方（沈介祥）、丙方（上海泰龙）同意乙方、丁方、戊方未支付的1亿元款项的还款日期延迟至2012年10月31日一次性付清。二、乙方、丁方、戊方和担保方为弥补延迟还款而给甲方、丙方带来的实际损失：1. 乙方、丁方、戊方和担保方承诺，在2012年12月20日支付补偿给甲方、丙方3000万元；2. 原补充协议约定的股权转让价款：在A公司、B公司设立完成并取得营业执照后，戊方对A公司、B公司100%股权按如下方式计价：'住宅用地土地使用权价格均以90万元/亩、旅游度假用地使用权价格为50万元/亩'，现改成：'住宅用地土地使用权价格均以75万元/亩、旅游度假用地使用权价格为40万元/亩'。因此项的修改而与原补充协议的两个项目公司转让总价形成的差价为3163.16万元［原股权总价18544.66万元减去修改后的股权总价15381.5万元（此价格含防护绿地、公共绿地和20万元/亩的大市政配套费用）］，由乙方、丁方、戊方和担保方在2012年12月20日支付给甲方、丙方。三、乙方、丁方、戊方如不能按上述各约定的日期全部支付，乙方、丁方、戊方愿意依据实际逾期的日期，除每日按未偿还支付金额的1%继续承担支付逾期违约金外，如在2012年12月20日仍未全部还清的，还应承担全部未偿还金额合计的20%分别向甲方（乙方向甲方）、丙方（丁方向丙方）支付损失费用。四、《补充协议》第十五条中涉及以两个项目股权转让总价为计算标准的违约金，也相应根据本协议对股权转让总价的调整而进行调整。五、本补充协议（二）是对协议书、补充协议、备忘录的补充，就原协议书、补充协议及备忘录相关约定进行了补充或修改的部分以补充协议（二）的为准，原协议、补充协议及备忘录的未修改或补充的其他条款效力不变。"

6. 2013年2月8日，沈介祥（甲方、出借方）、蒋晓松（乙方借款方）、泰龙公司（丙方）、兴瑞泰公司（丁方，乙方担保方）、上海千博投资管理有限公司（乙方担保方）、海南千博乐城开发有限公司（戊方，担保方）签署《还款协议》，约定："一、乙方、丁方和戊方自愿将原签订的《补充协议》及《备忘录》中约定的A、B公司股权及其所拥有的两地块权益全部转让给甲方和丙方所有（具体以《补充协议》《备忘录》为准），以冲抵乙方、丁方所欠甲方和丙方部分债务。二、在本协议第一条的基础上，乙方确认于2013年5月20日前分四次并无条件并按第三条约定支付给甲方2.35亿元。此款包括但不限于本金、利息、违约金、预期利润损失等补/赔偿因素。但与上述乙方、丁方和戊方对A、B公司股权转让款所冲抵的款项及A、B公司所拥有的两块地权益无关。"

法院另查明：1. 2013年8月23日，上海市第一中级人民法院受理沈介祥诉蒋晓松、海南千博公司、兴瑞泰公司、上海千博公司民间借贷纠纷一案，沈介祥以蒋晓松等各被告违反前述《补充协议》《补充协议（二）》《还款协议》约定为由，请求法院判令：（1）蒋晓松、兴瑞泰公司偿还沈介祥借款、保证金1.28亿元；（2）蒋晓松、兴瑞泰公司支付沈介祥上述欠款未还的逾期违约金1329.9033万元（暂算至2013年8月20日止）；（3）蒋晓松支付沈介祥补偿金3000万元整；（4）蒋晓松支付沈介祥股权转让差额1329.75万元；（5）海南千博公司、上海千博公司对上述欠款承担连带支付责任。原告沈介祥表示关于诉争的股权纠纷将另案解决，在本案中不再主张。

上海市第一中级人民法院于2014年4月23日作出（2013）沪一中民一（民）初字第3号民事判决：一、蒋晓松应于该判决生效之日起10日内归还沈介祥借款12800万元；二、蒋晓松应于该判决生效之日起10日内支付沈介祥自2013年5月21日起至2013年8月8日止的借款逾期利息（以14800万元为本金，按中国人民银行同期同类贷款利率计算）；三、蒋晓松应于该判决生效之日起十日内支付沈介祥2013年8月9日的借款逾期利息（以13800万元为本金，按中国人民银行同期同类贷款利率计算）；四、蒋晓松应于该判决生效之日起10日内支付沈介祥2013年8月10日起至该判决生效之日止的借款逾期利息（以12800万元为本金，按中国人民银行同期同类贷款利率计算）；五、兴瑞泰公司、海南千博公司、上海千博公司对上述借款本金及利息承担连带还款责任；六、驳回沈介祥其他诉讼请求。

蒋晓松、上海千博公司不服该判决，提出上诉。上海市高级人民法院于2015年1月5日作出（2014）沪高民一（民）终字第14号民事判决：驳回上诉，维持原判。

2. 执行和解协议。2015年5月14日，沈介祥（甲方）、蒋晓松（乙方）、海南千博公司（丙方）签订《执行和解协议》，鉴于：（1）上海市第一中级人民法院于2014年4月23日作出（2013）沪一中民一（民）初字第3号民事判决书，且上海市高级人民法院于2015年1月5日作出（2014）沪高民一（民）终字第14号民事判决书。（2）在前述案件审理期间，上海市高级人民法院于2014年10月21日作出（2014）沪高民一（民）终字第14号民事裁定书，裁定查封丙方价值1.5亿元财产，于2014年11月，上海市高级人民法院向琼海市国土环境局下发（2014）沪高民一（民）终字第14号协助执行通知书，要求琼海市国土环境局协助查封丙方位于琼海市博鳌镇乐城岛的海国用（2013）第3487号至第3496号共计10幅土地使用权（合计面积408559平方米），查封期限为2014年11月4日起至2016年11月3日止。（3）上海市第一中级人民法院（2015）沪一中执字第143号民事裁定书，裁定查封乙方名下位于上海市华山路978号1幢、2幢、3幢等全幢的房地产，查封期限为2015年2月27日起至2017年2月27日止。(4）甲方为乙方的债权人，甲方与乙方之间除上述第（1）条所列（2014）沪高民一（民）终字第14号判决（目前已进入执行阶段）的双方之间的金钱债权债务外，依据2010年4月18日签订的《土地使用权转让合同》、于2012年8月10日签订的《补充协议》、于2012年8月30日签订的《备忘录》、于2012年10月16日签订的《补充协议（二)》以及于2013年2月8日签订的《还款协议》（合称“债务协议”）中的各项约定，乙方承诺就上海泰龙房地产发展有限公司与兴瑞泰公司之间的关于5号地块A公司、7号地块B公司之股权转让金价款或其股权变更过户事宜，向上海泰龙房地产发展有限公司另行承担连带责任。

现经各方友好协商，达成如下执行和解协议书条款，以资信守履行：甲乙双方经协商确认，以上海市第一中级人民法院于2014年4月23日作出（2013）沪一中民一（民）初字第3号民事判决书及上海市高级人民法院于2015年1月5日作出（2014）沪高民一（民）终字第14号民事判决书（以下简称民事判决）为计算基础，乙方应向甲方履行各项债务的金额为144840380元（以下简称应执行款)，其中包括借款本金12800万元、借款利息14945264元以及逾期履行期间加倍利息1895116元。海南千博公司已于2015年4月30日通过他方监管账户向沈介祥指定公司归还本金5000万元。并约定蒋晓松应于2015年5月15日前一次性向沈介祥支付剩余执行款94840380元，仍由海南千博公司代蒋晓松偿还，如蒋晓松或海南千博公司如期履行此义务，则视为蒋晓松已完全履行上述民事判决义务，沈介祥放弃除本协议第一条约定之外的其他执行请求。协议第五条约定：“凡因本协议书引起的或与本协议书有关的任何争议，各方均应友好协商解决。协商不成，任何一方均可将争议提交上海市第一中级人民法院依法处理。”

【裁判结果】

上海市高级人民法院于2015年7月8日作出上海市高级人民法院（2015）沪高民二（商）初字第1-3号民事裁定：驳回海南千博公司对本案管辖权提出的异议。最高人民法院于2016年11月28日作出（2015）民二终字第315号民事裁定：一、撤销一审裁定；二、驳回沈介祥、泰龙公司的起诉。最高人民法院于2018年5月17日作出（2017）最高法民申855号民事裁定：驳回沈介祥、泰龙公司的再审申请。

【裁判理由】

法院生效裁定认为:

一、本案是否应当受理泰龙公司、沈介祥关于股权变更的请求事项问题

基于沈介祥借给蒋晓松2.4亿借款本金及由此产生的相关利息,蒋晓松等为偿还借款而与沈介祥等签订了一系列《协议书》《补充协议》《补充协议(二)》《还款协议》《备忘录》,沈介祥、蒋晓松等基于上述协议产生的民间借贷纠纷,经上海市第一中级人民法院、上海市高级人民法院审理,已作出生效判决。该生效判决执行过程中,各方达成案涉《执行和解协议》。虽然在《协议书》中约定了海南千博公司以位于海南省琼海市博鳌镇乐城岛开发区的5号地块和7号地块土地使用权出资设立两个公司,并将以上两个公司的100%股权转让给沈介祥,沈介祥愿意按协议约定方式受让海南千博公司所设立的两个全资公司。同时,确定了两个项目公司股权转让总价合计为18544.66万元,也确定了该股权转让价款用于充抵蒋晓松对沈介祥借款本息及兴瑞泰公司对泰龙公司保证金、资金占用费。但后续案涉当事人签订的《补充协议(二)》《还款协议》《备忘录》以及《执行和解协议》均明确了海南千博公司、蒋晓松选择以还款的形式偿还债务,而未选择用股权转让款冲抵相关欠款。现泰龙公司、沈介祥因《执行和解协议》履行问题提出的本案诉讼,目的仍是为了偿还民间借贷纠纷一案所涉及的借款。结合本案所签协议及当事人的意思表示,法院已经按照民间借贷法律关系审理案涉纠纷并作出生效判决,借款人海南千博公司、蒋晓松未能履行生效判决确定的金钱债务,债权人泰龙公司、沈介祥可以申请以双方确定的股权转让款抵偿相关欠款,而不能提起本案诉讼。法院二审认定沈介祥、泰龙公司起诉构成重复诉讼并无不当。

二、案涉《执行和解协议》不具可诉性问题①

《执行和解协议》首部明确了签署执行和解协议的条件,关于第4条约

---

① 《最高人民法院关于执行和解若干问题的规定》自2018年3月1日起施行,故本案不适用该规定第九条:"被执行人一方不履行执行和解协议的,申请执行人可以申请恢复执行原生效法律文书,也可以就履行执行和解协议向执行法院提起诉讼。"

定，即蒋晓松承诺就泰龙公司与海南千博公司之间关于5号地块A公司、7号地块B公司之间股权转让金及股权变更过户事宜，向泰龙公司另行承担连带责任。同时，在该协议第三条第3款约定，泰龙公司、沈介祥同意，在海南千博公司代蒋晓松如期履行完毕本协议第二条约定的义务（还款责任）后，泰龙公司、沈介祥同意海南千博公司不再对泰龙公司、沈介祥与蒋晓松之间发生的除本协议书首部第4条二幅土地使用权事项之外的其他债权债务承担连带责任。可见，各方当事人基于《执行和解协议》的履行情况，对泰龙公司与海南千博公司之间关于5号地块A公司、7号地块B公司之间股权转让金及股权变更过户事宜作出合同安排。依据《最高人民法院关于适用〈中华人民共和国民事诉讼法〉的解释》第四百六十六条关于“申请执行人与被执行人达成和解协议后请求中止执行或者撤回执行申请的，人民法院可以裁定中止执行或者终结执行”的规定，本案泰龙公司、沈介祥起诉的被告包括海南千博公司、蒋晓松，而海南千博公司是否承担股权变更过户的义务，系执行和解协议涉及的内容。法院二审裁定认为：泰龙公司、沈介祥可根据《民事诉讼法》第二百三十条关于“当事人不履行和解协议的，人民法院可以根据当事人的申请，恢复对原生效法律文书的执行”的规定，申请上海市第一中级人民法院恢复执行另案生效判决，于法有据。

三、二审法院就当事人管辖异议能否裁定驳回起诉问题

对于案件是否符合人民法院受理范围，属于人民法院职权审查范围，因此，本案中，另一方当事人提出管辖权异议，法院在审查中发现本案系在另案执行和解协议中已经处理的，依法作出驳回起诉的裁定，符合《民事诉讼法》第一百二十四条的规定，不违反法定程序。

【案例注解】

一、关于重复起诉的相关概念

禁止重复起诉是指当事人不得对已经起诉的案件，就同一诉讼标的向法院再提起诉讼，若另行起诉，法院则裁定驳回。重复起诉包括两种情况：一是诉讼系属中的重复起诉；另一种是判决确定后的重复起诉。本案涉及的就是判决确定后的重复起诉问题。

诉讼系属是指诉讼存于法院的事实状态，具体而言，是指特定当事人之间

的特定请求，已在某个人民法院起诉，现存在于法院而成为法院应当终结诉讼事件之状态。① 诉讼系属还发生受诉法院的管辖恒定、当事人的确定、诉讼标的之确定以及禁止重复起诉等效果。在起诉发生诉讼系属后的诸效果中，禁止重复起诉尤为重要。此外，起诉也产生时效中断等实体法上的效果。②

禁止重复起诉与一事不再理是不同的。禁止重复起诉原则的宗旨在于为当事人利用同一次诉讼程序解决纷争提供便利，合理地配置司法资源，它所侧重的是诉讼经济和防止造成矛盾裁判；而一事不再理是指一个案件经过法院审理且判决生效后，其他的法院就不能够再受理和进行审理，当事人不能就同一案件再行起诉，起诉了法院也不受理。

禁止当事人重复起诉的法理基础主要体现在以下三个方面：一是禁止当事人重复起诉能够保护当事人的程序利益，避免双方就同一纠纷应对多次诉讼。程序利益是指因程序简化或避免使用烦琐、缺乏实益的程序而在时间、费用及精力等方面所获得的利益。“程序利益保护原则”是民事诉讼法应遵循的一项基本法理。重复起诉对于原告而言，虽然其可以用诉讼程序保护权益，但也不应就同一纷争提起两次诉讼，造成被告的不利益；对于被告而言，若不在本诉中提起反诉，而是另行起诉，则会使原告蒙受程序上的不利益。二是禁止当事人重复起诉能够让法院合理利用司法资源。民事诉讼是国家运用公权力解决私权纠纷的制度，应当将国家有限的司法资源合理地分配于各类诉讼案件，防止法院就同一案件进行重复审理，造成司法资源的浪费。三是禁止当事人重复起诉能够维护司法权威，避免就同一纠纷产生互相抵触的判决。保护原、被告的程序利益、合理利用司法资源和防止发生矛盾判决，既是禁止重复起诉原则的宗旨规范，也是禁止重复起诉制度的功能和目的。

二、关于重复起诉的判断标准

禁止重复起诉原则之所以会成为学界争论点所在，成为理论与实践中未决的难题，主要在于构成“重复起诉”的判断标准难以形成一致之共识。笔者认为，可以从以下方面判断是否重复起诉。

一是当事人是否同一。判断前诉与后诉是否“重复”，首先要看两诉的当事人是否同一，这是构成重复起诉的主体要件。前后诉当事人是否同一，于一般情况下较易判断。此外，当前诉是共同诉讼时，只要部分共同原告或共同被

① 参见刘学在：《略论民事诉讼中的诉讼系属》，载《法学评论》2002年第6期。

② 参见［日］新堂幸司：《新民事诉讼法》，林剑锋译，法律出版社2008年版，第161页。

告是后诉的当事人即可构成重复诉讼。[①] 本案中，前诉案件是沈介祥诉蒋晓松、海南千博公司、兴瑞泰公司、上海千博公司民间借贷纠纷，后诉案件是泰龙公司、沈介祥诉海南千博公司、蒋晓松股权转让纠纷。沈介祥系泰龙公司法定代表人，蒋晓松系海南千博公司法定代表人。沈介祥（债权人）、蒋晓松（债务人）、泰龙公司、兴瑞泰公司、上海千博公司、海南千博公司于2012年2月21日签订的《协议书》中明确约定：鉴于沈介祥（通过泰龙公司）按照蒋晓松的要求通过向蒋晓松相关公司分三次合计向蒋晓松提供借款2.4亿元。且前后诉纠纷均涉及上述2012年2月21日签订的《协议书》中约定的相关事项，此时显然构成前后诉的当事人同一且诉讼标的亦同一。

二是诉讼标的同一。诉讼标的理论为民事诉讼中的核心问题之一，长久以来争议颇多。诉讼标的同一是构成重复起诉的客体要件。笔者结合本案的情形对是否构成重复起诉进行简要分析。让与担保是指债务人或第三人为担保债务清偿，将担保标的物之整体权利（通常指所有权）移转给债权人，在债务履行完毕后，标的物的整体权利又回归于债务人；在债务届时未能得到清偿时，债权人有就担保物优先受偿的权利。该担保形式与传统担保形式的不同之处在于该担保形式不仅移转了担保标的物的权利，且该种权利是完全性权利而非限制性的权利。《最高人民法院关于审理民间借贷案件适用法律若干问题的规定》第二十四条规定："当事人以签订买卖合同作为民间借贷合同的担保，借款到期后借款人不能还款，出借人请求履行买卖合同的，人民法院应当按照民间借贷法律关系审理，并向当事人释明变更诉讼请求。当事人拒绝变更的，人民法院裁定驳回起诉。按照民间借贷法律关系审理作出的判决生效后，借款人不履行生效判决确定的金钱债务，出借人可以申请拍卖买卖合同标的物，以偿还债务。就拍卖所得的价款与应偿还借款本息之间的差额，借款人或者出借人有权主张返还或补偿。"首先，该条款适用的前提是当事人签订《买卖合同》作为借贷合同的担保，即双方当事人签订《买卖合同》的真实本意并非是买卖《买卖合同》的标的物，而仅仅是将《买卖合同》中标的物作为《借贷合同》中债务的担保，因此，双方之间存在的基础法律关系应当认定为民间借贷法律关系，《买卖合同》作为担保的形式仅仅具备从属地位、从属于民间借贷的主法律关系。其次，该条款不否定也不肯定《买卖合同》的效力，只是在借款人不履行生效判决确定的金钱债务时，出借人不能直接取得担保标的物的所有权，而应通过申请拍卖标的物以偿还债务，即肯定了担保标的物的担保

① 参见［日］中村英郎：《新民事诉讼法讲义》，陈刚等译，法律出版社2001年版，第141页。

效力。最后，出借人请求履行买卖合同的，人民法院应向当事人释明变更诉讼请求，当事人拒绝变更的，人民法院裁定驳回起诉，是程序性驳回起诉，而非直接实体性败诉。该条司法解释实际上以司法解释的形式限制性地肯定了民商事法律活动中大量存在的让与担保约定，在某种程度上填补了法律空白，对现今民商事法律活动起到积极的指导意义。

结合本案具体案情，案涉当事人虽然在《协议书》中约定了海南千博公司以位于海南省琼海市博鳌镇乐城岛开发区的 5 号地块和 7 号地块土地使用权出资设立两个公司，并以上两个公司的 100% 股权转让给沈介祥，沈介祥愿意按协议约定方式受让海南千博公司所设立的两个全资公司。同时确定了两个项目公司股权转让总价合计为 18544.66 万元，也确定了该股权转让金价款用于充抵蒋晓松对沈介祥借款本息及兴瑞泰公司对泰龙公司保证金、资金占用费……但在后续签订的《补充协议（二）》《还款协议》《备忘录》以及《执行和解协议》中，可以认定双方当事人约定股权转让款的真实本意并非是股权变更，而仅仅是将股权变更中的股权转让款作为民间借贷中债务的担保。因此，双方之间存在的基础法律关系应当认定为民间借贷法律关系，股权变更中的股权转让款作为担保的形式仅仅具备从属地位，从属于民间借贷的主法律关系。只是在借款人海南千博公司、蒋晓松不履行生效判决确定的金钱债务时，出借人泰龙公司、沈介祥不能直接取得股权变更中的股权转让款，而应通过法定程序取得股权变更中的股权转让款以偿还债务。

三、关于重复起诉的处理

我国立法和司法解释对诉讼系属中的重复起诉行为主要有以下几种处理方式：

1. 按照管辖权问题进行处理。《民事诉讼法》第三十五条规定："两个以上人民法院都有管辖权的诉讼，原告可以向其中一个人民法院起诉；原告向两个以上有管辖权的人民法院起诉的，由最先立案的人民法院管辖。"就前述情况而言，从法院的角度来看是共同管辖，从当事人的角度则是选择管辖。在对案件具有管辖权的法院并不唯一的情形下，当事人有权就同一案件向两个以上的法院起诉，但法院不得重复立案、重复审理，如果已立案则裁定移送给先立案的法院。笔者认为，对同一案件提出不同诉讼请求采取强制合并审理的方式体现了禁止重复起诉的精神。

2. 诉的变更。在发生违约责任和侵权责任竞合时，赋予当事人选择权，择一起诉。《合同法》第一百二十二条规定："因当事人一方的违约行为，侵害对方人身、财产权益的，受损害方有权选择依照本法要求其承担违约责任或者依照其他法律要求其承担侵权责任。”《最高人民法院关于适用〈中华人民共和国合同法〉若干问题的解释（一）》第三十条进一步规定：“债权人依照合同法第一百二十二条的规定向人民法院起诉时作出选择后，在一审开庭以前又变更诉讼请求的，人民法院应当准许。对方当事人提出管辖权异议，经审查异议成立的，人民法院应当驳回起诉。”

3. 彰显诚实信用原则。《民事诉讼法》第十三条增设规定：“民事诉讼应当遵循诚实信用原则。”当事人恶意滥用诉权重复起诉，违背诚实信用原则的，法院不予受理。已经受理但未作出裁判的，应驳回其起诉；已作出裁判的，应以院长发现名义进入再审，撤销原判决后驳回起诉。

本案不是独立的股权转让关系，而是债权债务关系的一部分。本案泰龙公司、沈介祥属于违背诚实信用原则、滥用诉权、重复诉讼。法院裁定驳回泰龙公司、沈介祥的起诉，做到禁止重复起诉也兼顾了公平正义。

（**一审法院合议庭成员**　壮春晖　陈　克　马清华
二审法院合议庭成员　杨国香　张　娜　李振华
再审法院合议庭成员　孙祥壮　何　波　贾劲松
编写人　最高人民法院　何　波
责任编辑　杨　奕
审稿人　曹守晔）

邹文勇诉云南正达矿业小额贷款股份有限公司案外人执行异议之诉纠纷案

——《最高人民法院关于人民法院办理执行异议和复议案件若干问题的规定》第二十八条、第二十九条的理解与适用

关键词：民事　案外人　执行异议之诉　物权变动

【裁判要旨】

《最高人民法院关于人民法院办理执行异议和复议案件若干问题的规定》（以下简称《执行异议和复议案件规定》）第二十八条、第二十九条分别规定了不动产买受人和商品房消费者的物权期待权能够排除执行的两类充分条件。第二十八条和第二十九条在适用上存在竞合情形。第二十八条系对登记在任何被执行人名下的所有不动产适用，属对不动产物权期待权排除执行的一般性认定标准规定。第二十九条系针对房屋消费者对登记在被执行的房地产开发企业名下的商品房提出排除执行的特殊性认定标准规定。第二十八条和第二十九条在适用上，不因被执行人是房地产开发企业，在符合第二十八规定情形下还需以满足第二十九条为必要条件。该两条均是得以排除执行的充分条件，符合任何一条均可排除执行。第二十八条、第二十九条规定并非基于对不动产或商品房所有权的保护，在符合第二十八条、第二十九条规定可排除执行情形下，并未认定买受人享有所有权。

【相关法条】

《中华人民共和国物权法》第九条第一款　不动产物权的设立、变更、转让和消灭，经依法登记，发生效力；未经登记，不发生效力，但法律另有规定

的除外。

《最高人民法院关于人民法院办理执行异议和复议案件若干问题的规定》

第二十四条 对案外人提出的排除执行异议，人民法院应当审查下列内容：

（一）案外人是否系权利人；

（二）该权利的合法性与真实性；

（三）该权利能否排除执行。

第二十八条 金钱债权执行中，买受人对登记在被执行人名下的不动产提出异议，符合下列情形且其权利能够排除执行的，人民法院应予支持：

（一）在人民法院查封之前已签订合法有效的书面买卖合同；

（二）在人民法院查封之前已合法占有该不动产；

（三）已支付全部价款，或者已按合同约定支付部分价款且将剩余价款按照人民法院的要求交付执行；

（四）非因买受人自身原因未办理过户登记。

第二十九条 金钱债权执行中，买受人对登记在被执行的房地产开发企业名下的商品房提出异议，符合下列情形且其权利能够排除执行的，人民法院应予支持：

（一）在人民法院查封之前已签订合法有效的书面买卖合同；

（二）所购商品房系用于居住且买受人名下无其他用于居住的房屋；

（三）已支付的价款超过合同约定总价款的百分之五十。

【案件索引】

一审：云南省昆明市中级人民法院（2017）云01民初710号（2017年10月9日）

二审：云南省高级人民法院（2018）云民终390号（2018年5月11日）

【基本案情】

原告邹文勇诉称：2015年1月13日，经邹文勇与楚雄佳泰房地产开发有限公司（以下简称佳泰公司）结算，佳泰公司尚欠其工程款1871499.13元，双方约定以工程款抵扣房款。2015年2月1日，邹文勇与佳泰公司签订了4份《商品房购销合同》，约定佳泰公司自愿将其所有的位于楚雄州楚雄市开发区“佳泰银座”1205、1206、1301、1302号价值共1377296元的房屋出售给邹文勇，并约定由佳泰公司负责办理房屋产权登记手续。上述协议签订后，佳泰公司一直未给邹文勇办理产权过户登记手续。2015 年 7 月 27 日，云南正达矿业小额贷款股份有限公司（以下简称正达公司）因与佳泰公司借贷纠纷一案涉诉，昆明市中级人民法院分别作出（2015）昆执字第 241 号、243 号、245 号、246 号、247 号执行裁定书，对佳泰公司实施强制执行，并据此将邹文勇购买的楚雄市开发区紫溪大道北侧“佳泰银座”项目房屋予以查封。邹文勇在得知自己购买的上述房屋被查封后对执行提出书面异议。昆明市中级人民法院于 2017 年 2 月 8 日作出（2016）云 01 执异 174 号执行裁定书，驳回邹文勇的异议请求。邹文勇认为其对涉案房屋享有足以排除强制执行的民事权益，人民法院不得执行该执行标的，据此，为维护自身合法权益，特诉至法院，请求：（1）撤销（2016）云 01 执异 174 号裁定中关于驳回邹文勇执行异议的部分；（2）楚雄州楚雄市开发区“佳泰银座”1205、1206、1301、1302 号价值 1377296 元的房屋归邹文勇所有；（3）不得对楚雄州楚雄市开发区“佳泰银座”1205、1206、1301、1302 号房屋查封、扣押、拍卖或变卖，并解除查封。

被告正达公司辩称：涉案房屋是登记在第三人名下的商品房；《执行异议和复议案件规定》第二十八条与第二十九条是一般条款与特别条款的关系，应排除适用，第二十八条适用于被执行人系非房地产开发企业的情形，本案的被执行人佳泰公司为房地产开发企业，仅能适用第二十九条；本案邹文勇一审已明确涉案房屋非其唯一住房，且未提交任何证据证明其要求佳泰公司办理合同登记备案或产权转移登记，存在过错，既不符合第二十八条的规定条件，也不符合第二十九条的规定条件；根据《物权法》第九条的相关规定，本案诉争房屋属不动产，应以登记生效为原则，因房屋未办理产权登记手续，故不发生物权变动的法律效力，涉案产权房屋仍属于佳泰公司。

第三人佳泰公司辩称：本案涉案房屋被查封之前，邹文勇与佳泰公司签订了书面买卖合同，邹文勇已经支付全部购房款项，佳泰公司已经交付房屋给邹文勇占有、使用。邹文勇没有取得房屋产权证，过错在于佳泰公司，系因佳泰公司挪用了邹文勇的购房资金，并没有为邹文勇及时办证，致使其没有取得产权证。佳泰公司承认邹文勇的诉讼请求，认同起诉的事实和理由。

法院经审理查明：佳泰公司系楚雄市开发区紫溪大道“佳泰银座”房地产项目的开发商，邹文勇系该项目劳务分包合同承包人。2015 年 1 月 26 日，邹文勇与佳泰公司协商一致，以邹文勇施工佳泰银座的工程尾款抵扣房款的方式购买“佳泰银座”1205、1206、1301、1302 四套房屋，总计价款 1377296

元，剩余工程尾款494203.13元。2015年2月1日，邹文勇与佳泰公司签订4份《商品房购销合同》，分别约定购买“佳泰银座”1205、1206、1301、1302号四套房屋。2015年3月12日，双方交付了钥匙并办理完毕相关交房手续。因佳泰公司方面原因，涉案房屋至今未办理过户登记。2015年7月，云南省昆明市中级人民法院分别作出（2015）昆执字第241号、243号、245号、246号、247号执行裁定书，裁定对佳泰公司及其他第三人的财产进行查封、扣押、拍卖或变卖，并于2015年12月23日查封佳泰公司开发的包括本案邹文勇购买的位于楚雄市开发区紫溪大道北侧“佳泰银座”1205、1206、1301、1302号房屋。邹文勇为此向昆明市中级人民法院提出执行异议。昆明市中级人民法院于2017年2月8日作出（2016）云01执异174号执行裁定书，裁定驳回了邹文勇的异议请求。邹文勇因此提起本案诉讼。邹文勇明确表示，涉案房屋并非其“唯一住房”。

【裁判结果】

云南省昆明市中级人民法院于2017年10月9日作出（2017）云01民初710号民事判决：驳回邹文勇的诉讼请求。邹文勇不服一审判决，提起上诉。云南省高级人民法院于2018年5月11日作出（2018）云民终390号民事判决：一、撤销云南省昆明市中级人民法院（2017）云01民初710号民事判决；二、在云南省昆明市中级人民法院（2015）昆执字第241号、243号、245号、246号、247号执行案中，不得执行楚雄佳泰房地产开发有限公司开发建设的“佳泰-银座”1205、1206、1301、1302号房屋，并解除查封；三、驳回邹文勇的其他诉讼请求。云南省昆明市中级人民法院（2016）云01执异174号执行裁定于本判决生效时自动失效。

【裁判理由】

法院生效判决认为：《执行异议和复议案件规定》第二十四条明确了案外人要求排除执行异议的审查范围。第二十八条、第二十九条分别规定了不动产买受人和商品房消费者的物权期待权能够排除执行的两类充分条件。本案各方当事人争执的主要焦点就是该如何选择适用第二十八条和第二十九条。虽然第二十八条和第二十九条在适用上存在竞合情形，但均系依据第二十四条规定对合法、真实且能排除执行的物权期待权的认定标准。第二十八条系对登记在任何被执行人名下的所有不动产适用，属对不动产物权期待权排除执行的一般性认定标准规定。第二十九条系针对房屋消费者对登记在被执行的房地产开发企业名下的商品房提出排除执行的特殊性认定标准规定，即在购房消费者与房地产开发企业签订的商品房买卖合同中，在所购房屋用于居住且买受人名下无其他用于居住的房屋情形下，买受人只需签订了合法有效的书面买卖合同，且已支付价款达到合同约定总价款的50%即可排除执行，其相较于第二十八条规定，不需要在查封前已合法占有房屋并支付全部价款，但必须严格限定在“用于居住且买受人名下无其他用于居住的房屋”的条件下，目的在于对购房消费者基本居住权的保护。二审法院认为第二十八条和第二十九条并不是单纯以被执行人是否系房地产开发企业作为区分适用标准，也不因被执行人是房地产开发企业，在符合第二十八规定情形下还需以满足第二十九条为必要条件。该两条均是得以排除执行的充分条件，符合任何一条均可排除执行。根据本案查明事实，涉案房屋被昆明市中级人民法院查封前，邹文勇与佳泰公司已签订《商品房购销合同》，全部购房款是以欠付的工程款抵扣，合同的签订及房款支付方式均系双方当事人真实意思表示，且不违反法律、行政法规的强制性规定，应当认定合法有效；在昆明市中级人民法院查封涉案房屋前，佳泰公司已将涉案房屋交付邹文勇，邹文勇已拿到房屋钥匙并办理完毕相关交房入住手续，应认定其已合法占有房屋；涉案房屋未能办理过户登记系佳泰公司自身的原因所致，邹文勇对此亦无过错。故，本案邹文勇要求排除执行并解除查封的诉请符合《执行异议和复议案件规定》第二十八条规定的条件，可以适用该条排除执行。一审判决对此错误适用第二十九条存在不当，应予以纠正。

根据《物权法》第九条规定，本案买卖的房屋属不动产，因尚未依法办理登记，不能发生物权变动效力，即房屋所有权并未发生变动。《执行异议和复议案件规定》第二十八条、第二十九条规定系对不动产买受人和商品房消费者物权期待权的特殊保护，并非基于对不动产或商品房所有权的保护，在符合第二十八条、第二十九条规定可排除执行情形下，并未认定买受人享有所有权。本案邹文勇虽可主张物权期待权的保护以排除正达公司的执行，但不能依据双方合同请求人民法院在本案中确认其享有房屋所有权，因此，邹文勇目前仅享有对房屋的物权期待权，其要求确认享有房屋所有权的诉请，无事实及法律依据，应不予支持。

【案例注解】

一、《执行异议和复议案件规定》是否能够在办理案外人执行异议之诉案件中适用

目前，审判实践中出现大量涉及房屋买受人购买房屋后未办理过户登记，因出卖人负债，相关房屋被查封而申请执行异议，被驳回后，进而提起执行异议之诉的案件。《执行异议和复议案件规定》系针对执行异议、复议而制定的司法解释，因此，在执行异议、复议中适用该司法解释无可厚非。但执行异议是执行程序，而执行异议之诉为审判程序，在审判程序中能否适用《执行异议和复议案件规定》尚存在一定争议。

本案二审法院对此持肯定态度。执行异议审查以形式审查为原则，以实质审查为例外，所以《执行异议和复议案件规定》的大多数条文均是针对形式审查的规定，但不可否认的是，也有一部分条文是针对实质审查内容的规定，如本案涉及的第二十四条、第二十八条、第二十九条。对于《执行异议和复议案件规定》中的实质审查条文，在执行异议中应当适用，在执行异议之诉中当然也应当适用。否则将会出现针对同一事实，在执行异议中和在执行异议之诉中因采取不同的评判标准，而造成认定结果不一致。理论上，执行异议之诉对执行异议程序还存在通过实质审查进行纠错的功能作用，如果审查评判标准不统一，意味着执行异议程序的认定大概率会被执行异议之诉所否定，执行异议程序的制度价值无从体现，甚至多余。

二、《执行异议和复议案件规定》第二十八条与第二十九条的关系及适用范围

本案二审法院认为，《执行异议和复议案件规定》第二十八条、第二十九条分别规定了不动产买受人和商品房消费者享有的物权期待权能够排除执行的两类充分条件。虽然第二十八条和第二十九条在适用上存在竞合情形，但均系依据第二十四条规定对合法、真实且能排除执行的物权期待权的认定标准。第二十八条系对登记在任何被执行人名下的所有不动产适用，属对不动产物权期待权排除执行的一般性认定标准规定。第二十九条系针对房屋消费者对登记在被执行的房地产开发企业名下的商品房提出排除执行的特殊性认定标准规定，即在购房消费者与房地产开发企业签订的商品房买卖合同中，在所购房屋用于

居住且买受人名下无其他用于居住的房屋情形下，买受人只需签订了合法有效的书面买卖合同，且已支付价款达到合同约定总价款的50%即可排除执行，其相较于第二十八条规定，不需要在查封前已合法占有房屋并支付全部价款，但必须严格限定在“用于居住且买受人名下无其他用于居住的房屋”的条件下，目的在于对购房消费者基本居住权的保护。第二十八条和第二十九条并不是单纯以被执行人是否系房地产开发企业作为区分适用标准，也不因被执行人是房地产开发企业，在符合第二十八条规定情形下还需以满足第二十九条为必要条件。该两条均是得以排除执行的充分条件，符合任何一条均可排除执行。

三、适用《执行异议和复议案件规定》第二十八条、第二十九条排除执行的法律效果

如前文所述，《执行异议和复议案件规定》第二十八条、第二十九条系对不动产买受人和商品房消费者物权期待权的特殊保护，并非基于对不动产或商品房所有权的保护。在依据该两条排除执行的情形下，人民法院并不能直接认定排除异议权利人享有不动产或者商品房的所有权，而仅是产生排除该案执行的法律效果。对所有权的认定，仍需依照《物权法》第九条的规定确定，即不动产物权的设立、变更、转让和消灭，经依法登记，发生效力；未经登记，不发生效力，但法律另有规定的除外。

（**一审法院合议庭成员** 杨 茜 古维贤 秦本昆
二审法院合议庭成员 向 凯 尹 波 王 娟
编写人 云南省高级人民法院 向 凯 张 伟
责任编辑 杨 奕
审稿人 曹守晔）

商 事

刘仁堂诉交通银行股份有限公司北京华威路支行借记卡纠纷案

——无卡取现资金被盗发卡行的责任认定

关键词：商事 无卡取现 商业银行 安全保障 风险提示

【裁判要旨】

无卡取现过程中，如不能证明持卡人存在泄露银行卡涉密信息等违约行为，则应由发卡行对其产生的资金损失先行承担全部赔偿责任。

对于银行卡合同中所涉新兴业务的约定，银行应予以适当说明和风险提示，具体义务的合理限度范围应结合开通业务的类型、产品性能等综合予以判定。

【相关法条】

《中华人民共和国合同法》第六十条第一款 当事人应当按照约定全面履行自己的义务。

第一百零七条 当事人一方不履行合同义务或者履行合同义务不符合约定的，应当承担继续履行、采取补救措施或者赔偿损失等违约责任。

《中华人民共和国商业银行法》第六条 商业银行应当保障存款人的合法权益不受任何单位和个人的侵犯。

【案件索引】

一审：北京市朝阳区人民法院（2015）朝民（商）初字第11567号（2016年5月16日）

二审：北京市第三中级人民法院（2016）京03民终9687号（2016年11月24日）

【基本案情】

刘仁堂诉称：交通银行股份有限公司北京华威路支行（以下简称交行华威路支行）未通知也未经其同意就开通了存在安全隐患的无卡取现业务，导致其银行卡资金被犯罪分子从ATM机盗走，银行应赔偿其全部被盗刷金额11859元。

交行华威路支行辩称：银行卡涉密信息只能由刘仁堂本人保管和设置，银行无法获悉或控制，故刘仁堂应对其存款被盗负有主要责任。

法院经审理查明：2007年6月25日，刘仁堂在交行华威路支行填写《交通银行交银理财卡/账户申请书》，申请开立交银理财账户。7月6日刘仁堂领取了交通银行理财卡，卡号为6222×××××××××××××91。2011年11月10日，刘仁堂开通网上银行短信密码用户转账汇款业务、手机银行转账汇款业务、自助银行转账汇款业务，前述网上银行转账汇款业务、手机银行转账汇款业务和自助银行转账汇款业务的日最高限额均为5万元。签约手机号仍为1360×××××××。同日，刘仁堂与交行华威路支行签署《交通银行股份有限公司个人电子银行服务协议》，约定：交行华威路支行通过交通银行的网上银行、手机银行、电话银行和自助银行向刘仁堂提供电子银行业务服务。服务内容以交通银行门户网站、自助银行、网上银行网页当时发布的《交通银行股份有限公司个人电子银行交易规则》（包括其后修改及替代，以下简称《交易规则》）为准。交通银行个人网上银行网站于2014年10月5日发布的《交易规则》第三条“交易功能”写明：电子银行为客户提供的交易功能包括个人网银、手机银行、电话银行、自助银行，其中手机银行包括手机充值、商旅助手、无卡生活等，并未对“无卡生活”等项目作任何解释说明。

2015年1月27日13时29分25秒，有人使用电话号码1360×××××××拨打交通银行客服电话95559，之后拨号人按照系统语音提示预约进行无卡取现，有效期至当日24时。同日，刘仁堂尾号91的银行卡账户在江西省赣州市京华苑小区ATM机上被取款3次，取款人为一名男性，并非刘仁堂本人。取款人在陆续输入正确的预约手机号码、预约验证码和交易密码后，分别于13时36分46秒取款5000元，手续费25元；13时37分40秒取款5000元、手续费25元；13时38分45秒取款1800元，手续费9元。取款后，账户余额63.31元。

2015年1月28日15时48分42秒，刘仁堂在青岛用号码为1360×××××××的手机拨打交通银行客服电话95559进行挂失。当日下午15时56分33秒，上述手机号码拨打了北京地区报警电话110。2015年2月2日，刘仁堂前往潘家园派出所报案称其尾号91的银行卡卡内存款被他人取走。2015年3月21日，北京市公安局朝阳分局向刘仁堂出具立案告知书，告知刘仁堂其被信用卡诈骗一案立为刑事案件开展侦查。目前，该刑事案件尚在审理中。中国移动通信语音通信详情单显示，刘仁堂手机号1360×××××××分别于2015年1月27日13时16分31秒和13时36分51秒与手机号1390×××××××通话3分43秒和25分12秒，在此期间并未进行其他通话。交通银行于2015年1月31日对无卡取现预约功能进行优化，增加短信密码验证流程。

【裁判结果】

北京市朝阳区人民法院于2016年5月16日作出（2015）朝民（商）初字第11567号民事判决：一、被告交通银行股份有限公司北京华威路支行于本判决生效后10日内赔偿原告刘仁堂存款本金8301.3元及利息损失（以8301.3元为基数，自2015年1月27日起至实际给付之日止，按照中国人民银行同期活期存款利率标准计算）；二、驳回原告刘仁堂的其他诉讼请求。宣判后，原告刘仁堂向北京市第三中级人民法院提出上诉。北京市第三中级人民法院于2016年11月24日作出（2016）京03民终9687号民事判决：一、撤销北京市朝阳区人民法院（2015）朝民（商）初字第11567号民事判决。二、交通银行股份有限公司北京华威路支行于本判决生效后10日内赔偿刘仁堂存款本金11859元及利息损失（以11859元为基数，自2015年1月27日起至实际给付之日止，按照中国人民银行同期活期存款利率标准计算）。三、驳回刘仁堂其他诉讼请求。

【裁判理由】

法院生效裁判认为：综合当事人的诉辩主张和查明的事实，本案争议焦点即交行华威路支行与刘仁堂对涉案银行卡资金被盗取之责任认定及对损失的承担比例问题。

首先，关于交行华威路支行是否尽到安全保障及风险防范义务。无卡取现作为一项新兴业务，在便利客户取款、交易的同时，很可能成为不法分子利用无卡的便利条件趁机盗取客户资金的新兴作案手段。银行作为该项业务的开通机构及相关技术设备提供者，应当对客户卡内的资金安全承担不可推卸的保障义务。当罪犯识破银行技术手段、导致存款被盗，除非能够证明客户对罪犯知悉银行卡涉密信息提供了帮助或存在其他重大过错，否则应当由银行对此产生的损失承担赔偿责任。本案中，交行华威路支行对该项无卡取现业务在技术保障上与其他传统业务基本上没有区别，在识别可能出现的手机卡伪号、密码泄露等方面并未提供更为严密的安全保障措施和漏洞弥补方案。而在刘仁堂资金被盗取后的5日内，交行华威路支行即增加了短信动态密码验证功能，针对无卡取现可能存在的不法活动采取了相应措施。由此也可以认定，在该项业务的设计和风险防范上，交行华威路支行并未尽到安全保障的义务导致本案事件的发生。

其次，关于交行华威路支行是否尽到告知和风险提示的义务。为确保持卡人的知情权和选择权，尤其对于新开通的业务，银行作为合同制定方应当承担向客户进行提示、说明以及解释其涵义、内容和法律效力的义务。综合本案银行卡电子银行开通情况和双方约定内容，在签订电子银行服务协议之时，客户对该项功能的具体服务内容并不知晓，而是要通过登录交通银行网站查询其发布的《交易规则》获取相应信息。而从交通银行网页上公布的《交易规则》具体条款的约定来看，交行华威路支行作为合同的制定方并未对新开通业务“无卡生活”的具体内容进行明确告知，未向客户尽到提示说明的义务。

最后，关于银行卡密码泄露的责任应当由谁承担。虽然双方在借记卡管理协议书及章程中约定持卡人应妥善保管密码，因密码泄露而造成的风险及损失由持卡人本人承担，交行华威路支行亦据此抗辩刘仁堂借记卡的资金被盗是因其自身没有妥善保管密码所致。但双方的该项约定，应当是指在银行为持卡人提供了必要的安全、保密条件的情况下，由于持卡人自己的过失使密码失密造成的风险和损失，持卡人本人应自行承担。而如果不能证明持卡人具有明显过错，银行无权单方增加储户的责任。综上，结合现有证据及本案具体案情分析，可以确认刘仁堂并未违反妥善保管密码义务导致损失的发生。原审法院认为应由刘仁堂对密码泄露承担过错责任，判令刘仁堂自担30%的损失不妥，二审法院依法予以改判。

【案例注解】

作为近年来产生的一项新兴业务，无卡交易逐渐增多，在此交易过程中资金被盗产生的纠纷已经出现，犯罪嫌疑人本应作为第一责任人承担责任，但司法实务中，由于其下落不明，难以向其主张权利，故持卡人往往以发卡行作为被告提起借记卡纠纷之诉，请求其承担给付被盗款项损失的责任。如何在个人与银行之间作出责任认定，目前的法律规定比较原则。司法实践中，与已经形成相对成熟意见的伪卡交易相比，无卡取现类案件的自由裁量空间较大，存在明显分歧，本案就是集中反映一、二审两类裁判思路的一例典型案件。

本案的争议焦点在于，发卡行推出的无卡取现业务在安全设置和技术提供上存在漏洞，致使被犯罪分子利用，盗取了持卡人账户资金，但发卡行是否因此对持卡人产生的全部损失承担赔偿责任。目前，存在两种观点：第一种观点认为，发卡行提供的银行卡安全保障技术性较差，未尽到安全保障义务，但持卡人亦负有妥善保管密码的义务，现由于密码失密导致资金被盗，应认定双方均存在过错，按照过错比例判令发卡行、持卡人分担卡内资金损失的责任，这也是本案一审法院的裁判思路；第二种观点认为，发卡行没有证据证明持卡人将涉密信息泄露给他人或者存在其他过错导致损失发生，而发卡行在技术保障等方面存在明显漏洞，未尽到安全保障义务致使持卡人权益受损的，应由发卡行承担赔偿卡内资金损失的全部责任，二审法院生效判决最终采纳了第二种观点。分析如下：

一、无卡取现过程中，当犯罪分子识破银行技术手段盗取存款，如不能证明持卡人存在泄露银行卡涉密信息等违约行为，则应由银行对此产生的损失承担赔偿责任

首先，《商业银行法》第六条规定："商业银行应当保障存款人的合法权益不受任何单位和个人的侵犯"，明确了银行负有保障储户存款安全的基本义务。本案中，无卡取现作为一项新兴功能，突破了必须使用卡片进行交易的传统模式，仅需要通过签约手机号码拨打电话预约，输入密码就可以在ATM机上取款。由于不需要银行卡就可以取走现金，密码、手机号码等涉密信息的保管就尤为重要，一旦被不法分子掌握，很可能成为盗取客户资金的作案手段。因此，银行作为该项业务的提供方，必须对该功能的安全性、可靠性等进行反复论证，对银行系统可能出现的漏洞设置必要的防御体系，尤其是在识别可能出现的手机卡伪号、密码泄露等方面提供更为严密的安全保障措施和漏洞弥补方案，研发成熟后才能推出，以免在推广普及后因缺乏针对性的防范措施导致客户资金被盗取等严重后果的出现。应该说，这也是从危险来源于责任人的角度考虑，责任人有义务管理、控制危险，如果因为危险源的存在造成了受害者的损害，则不应由受害者举证证明责任人具有过错，只要举证证明其损害与危险源具有因果关系即可。因此，在发生银行卡资金被盗取的情况后，只要持卡人能够举证证明发生损失，且该损失的发生是由于犯罪嫌疑人识破银行技术手段盗取，即完成了初步的举证责任，应认定银行未尽到安全保障和风险防范的义务。

其次，关于持卡人违约的认定标准。《合同法》第一百二十条规定：“当事人双方都违反合同约定的，应当各自承担相应的责任。”因此，银行在承担违约责任时并非不能减轻责任，如银行能够举证证明储户没有尽到对该项业务合规操作或妥善保管涉密信息等义务，就可根据储户过错大小而相应减轻或免除银行的责任。根据银行卡合同约定，持卡人负有妥善保管银行卡及其密码的义务，此外，基于诚实信用原则，在履行银行卡合同的过程中，持卡人负有通知、协助、保密等附随义务。如持卡人违反法定或者约定义务，则认定其存在过错，应自担部分或全部资金被盗的责任。一般而言，具有下列情形之一的，可以认定持卡人违约：（1）擅自将涉密信息告知他人；（2）在安全保护措施不足的情形下使用网上银行系统或因接听诈骗电话等方式，泄露银行卡信息和交易密码等，被他人窃取；（3）在有他人在身边的情形下不加防护地输入密码信息并被他人利用；（4）银行卡丢失后，未及时进行挂失；（5）其他可以认定持卡人未尽到法定或约定义务的情形。

最后，对银行卡合同中关于“密码泄露而造成的风险及损失由持卡人本人承担”的理解。双方在借记卡管理协议书及章程中约定持卡人应妥善保管密码，因密码泄露而造成的风险及损失由持卡人本人承担，交行华威路支行亦据此抗辩刘仁堂借记卡内资金被盗是因其自身没有妥善保管密码所致。但双方该项约定，应当是指在银行为持卡人提供了必要的安全、保密条件的情况下，完全由于持卡人自己的过失使密码失密造成的风险和损失，由持卡人本人自行承担，因为持卡人的这些过错在实质上直接导致了损失的发生。而如果持卡人不能被证明具有明显过错的，银行无权单方加重储户的责任。

因此，一般情况下，除非能够证明客户对罪犯知悉银行卡涉密信息提供了帮助或存在其他重大过错，否则应当由银行对产生的损失承担全部赔偿责任。这也是基于目前银行卡技术发展整体水平有限性的考虑，有必要作为一种动力倒逼银行加快技术更新进程提高风险防范能力。

本案中，交行华威路支行对该项无卡取现业务在技术保障上与其他传统业务基本上没有区别，在识别可能出现的手机卡伪号、密码泄露等方面并未提供更为严密的安全保障措施。而在刘仁堂资金被盗取后的5日内，交行华威路支行即增加了短信动态密码验证功能，针对无卡取现可能存在的不法活动采取了相应措施。由此可以认定，在该项业务的设计和风险防范上，交行华威路支行存在严重漏洞，未尽到安全保障的义务。

而刘仁堂虽然存在泄露涉密信息的可能性，但其是否泄露密码仅是对事实概率的判断，并不能以此作为最终承担责任比例的依据。《最高人民法院关于适用〈中华人民共和国民事诉讼法〉的解释》第一百零八条第一款规定："对负有举证证明责任的当事人提供的证据，人民法院经审查并结合相关事实，确信待证事实的存在具有高度可能性的，应当认定该事实存在。"该条司法解释通过规范证据证明力的衡量方法，体现了"高度盖然性"规则，即由于受到主观和客观上的条件限制，司法上要求法官就某一案件事实的认定依据庭审活动在对证据的调查、审查判断之后形成相当程度上的内心确信的一种证明规则。具体到本案中，虽然交行华威路支行主张在事实上不能排除刘仁堂泄露密码的可能性，但法院以接近真实的高度盖然性作为证明标准，结合现有证据和案件具体情节进行分析，可以确认刘仁堂并未违反妥善保管密码义务。因此，二审法院对原审判决中认定应由刘仁堂对密码泄露承担30%的过错责任予以改判，是正确的。

二、银行对非格式条款中涉及的新兴业务应予以适当说明和风险提示，具体义务限度范围应结合案件中开通业务的类型、产品性质综合予以判定

银行卡合同由发卡行单方拟定，具有附和性、不平等性和非协商性的特征。为确保持卡人的知情权和选择权，各国立法上均规定了格式条款制定方的说明义务，我国《合同法》第三十九条亦对格式条款提供方应履行的提示和说明义务作为先合同义务明确予以规定。而对于其他非格式条款，由于银行涉及的业务种类繁多，新兴产品层出不穷，我国相关法律法规并未对此是否需要

产品的提供方解释说明予以明确规定。本案中就涉及这样一个先合同义务的问题，即对于新兴的无卡取现业务，银行应否在签订时给予必要的提示和风险告知。

就此问题，笔者认为，随着经济的快速发展，银行不断研发新产品、开通新业务，涉及大量的专业术语和金融知识，对于普通消费者而言，其与发卡行在银行卡信息的掌握上存在着不对称性，其注意能力和交涉能力也处于劣势，很难准确理解条款含义和法律后果。因此，虽然目前法律上并未对非格式条款是否需要解释说明作出明确规定，在司法实践中亦不宜因发卡行未履行解释说明义务即直接对相关条款的效力进行否定性认定，但考虑到银行作为无卡取现业务的研发和提供方，理应根据业务类型和难易程度适当向客户进行说明，解释其涵义、内容和法律效力，以确保持卡人的知情权和选择权。如果在缔约时未尽上述义务，一旦发生银行卡资金被盗取等损失，在赔偿责任的认定上应当视情节酌情考虑银行的过错。但同时，司法实践中亦应考虑保护持卡人利益与促进银行卡产业发展之间的平衡，由于银行业务种类繁多，如果要求其对每项业务都进行详细告知，不仅在操作上难度大、效率低，亦会阻碍银行卡产品的研发升级进度，因此，在要求发卡行对非格式条款中所涉业务进行适当解释说明的同时，应结合业务的类型和性质对告知义务的合理范围予以限定。

综合本案银行卡电子银行开通情况和双方约定内容，交行华威路支行并未尽到提示说明的义务。理由如下：

首先，在双方签订的电子银行服务协议中并未体现出无卡取现业务内容，只在第二条服务内容中约定："乙方通过交通银行的网上银行、手机银行、电话银行和自助银行向甲方提供电子银行业务服务，服务内容以交通银行门户网站、自助银行、网上银行网页当时发布的《交易规则》规定为准。"因此，在签订电子银行服务协议之时，客户对该项功能的具体服务内容并不知晓，而是要通过登录交通银行网站查询其发布的《交易规则》获取相应信息。

其次，在交通银行网页上公布的《交易规则》未对无卡取现进行充分说明和风险提示。根据交行华威路支行一审时提交的《交易规则》第三条交易功能，对于手机银行的具体内容解释为：手机充值、交通罚款、缴费、周边搜索、网点查询、娱乐生活、转账汇款、理财、无卡生活、基金……在《交易规则》第五条安全要素中提到预约码是客户进行手机银行无卡取现、无卡消费预约时自行设定的密码。从上述条款的约定来看，交行华威路支行作为合同的制定方并未对新开通的业务"无卡生活"的具体内容进行明确告知和风险提示。

再次，客户对开通无卡取现功能并无选择权。一般情况下，客户开通手机银行的主要目的是为了更为便捷地进行交易，例如进行手机充值、购买电影票、交纳交通罚款、缴水电费、娱乐餐饮服务、转账汇款等业务，这些主要业务是通过有卡交易或网上交易完成的。而对于无卡取现，其功能虽然归在手机银行业务项下，但该业务无需银行卡，仅需要密码和签约手机号码就可以操作，性质上存在较大差异，银行应当在开通时明确征得客户的同意。但交行华威路支行在客户开通手机银行时，无卡取现功能就一并开通，客户并无选择权。

最后，开通无卡取现的相应辅助功能亦无需经过客户同意。根据已经查明的事实，整个无卡取现流程包括两步：一是电话预约，在此过程中需要用客户在银行预留的签约手机号码拨打客服电话，输入卡号、查询密码、交易密码、预约取款金额，并临时设定六位预约验证码才能进行预约；二是取款，在预约的时间内到 ATM 机上进行操作，输入预约手机号码、交易密码、预约验证码、取款金额，即可以取走现金。整个操作流程涉及手机银行、电话银行、自助银行三项业务，其中开通手机银行可以进行无卡取现，但通过预留手机号码预约无卡取现服务必须通过开通电话银行功能实现，第二步即在 ATM 机上无卡取现必须开通自助银行功能实现。而只要申请开通电话银行业务和自助银行业务，电话预约、在 ATM 机无卡取款这两项辅助服务就自动开通，很大程度上造成客户对于该功能存在盲区，缺乏自我保护意识和选择的权利。

综上所述，二审法院的生效判决是正确的。

【编后补评】

近年来，电子银行作为银行业界的新兴网络金融业务广泛推广应用，但银行卡被盗刷、冒刷或伪卡支取等事件也频频发生，纠纷亦逐增，编者认为，正确审理此类案件还应把握好诉讼中举证责任的分配。

在银行卡合同关系中，双方的权利义务是：发卡行作为银行卡服务的提供者和所有权人，除了应在存款余额或透支额度内向持卡人提供消费信用、转账结算、提取现金等服务外，还应当提供安全用卡环境和网上支付系统，保障银行卡信息不易被复制以及及时向持卡人提示账户变动情况，在得到持卡人关于银行卡被盗刷的通知时应及时采取挂失止付等附随义务。持卡人作为银行卡和密码的保管者和使用者，应当妥善保管并谨慎使用银行卡和密码，按照银行卡业务流程进行操作，认真核对发卡行发送的账户变动信息等。由此，此类案件的举证责任应当适用严格责任的归责原则。在遵循“谁主张，谁举证”的原则下，还应当根据案情和双方客观举证能力合理分配举证责任。实践中，发卡银行往往以用卡户泄露了银行卡密码或信息而致损失为由进行抗辩，对此编者赞同应由发卡行承担举证责任的观点。理由是：银行作为金融机构应当对其已尽交易安全保障义务和持卡人存在密码信息泄露等过错承担举证责任，有利于推动金融机构进行支付结算系统技术升级改造，增强终端设备防风险能力，提升营业场所安全管理水平，有利于保护消费者合法权益与促进银行卡业务的良性发展。从国外情况看，美国 1970 年立法将非授权交易的损失明确规定主要由银行承担，这并未导致信用卡使用风险的显著增加，一定程度上说明该损失分担机制是合适的。因此，如此分配举证责任不仅事关个案权利人的利益救济，还应考虑对促进银行业界规范金融秩序，建立相应风险控制措施，防范金融风险起到积极的推动作用。

（**一审法院合议庭成员** 李　方　董　璐　苏　萍
二审法院合议庭成员 林存义　杨　夏　张清波
编写人 北京市第三中级人民法院　杨　夏
责任编辑、补评人 韩建英
审稿人 曹守晔）

王美金诉陈晓龙股权转让纠纷案

——股东间“对赌协议”的效力认定

关键词：商事　对赌协议　股权转让　效力

【裁判要旨】

发生于股东之间的“对赌协议”，因其补偿主体为目标公司股东，通常不会侵害公共利益和违反法律强制性规定，应认定为有效。

【相关法条】

《中华人民共和国合同法》第一百零七条　当事人一方不履行合同义务或者履行合同义务不符合约定的，应当承担继续履行、采取补救措施或者赔偿损失等违约责任。

第一百零九条　当事人一方未支付价款或者报酬的，对方可以要求其支付价款或者报酬。

第一百五十九条　买受人应当按照约定的数额支付价款。对价款没有约定或者约定不明确的，适用本法第六十一条、第六十二条第二项的规定。

第一百六十一条　买受人应当按照约定的时间支付价款。对支付时间没有约定或者约定不明确，依照本法第六十一条的规定仍不能确定的，买受人应当在收到标的物或者提取标的物单证的同时支付。

【案件索引】

一审：福建省泉州市洛江区人民法院（2016）闽0504民初72号（2016年7月20日）

二审：福建省泉州市中级人民法院（2017）闽05民终104号（2017年5月15日）

再审：福建省高级人民法院（2017）闽民申2492号（2017年12月15日）

【基本案情】

原告（反诉被告）王美金诉称：原、被告于2011年4月16日签订了《增资扩股附属协议》，约定第三人泉州市洛江区双阳金刚石工具有限公司（以下简称金刚石公司）增资扩股，原告认购第三人公司100万股股份，股份交易价款为375万元，双方约定若第三人公司未能在2013年6月30日前向中国证监会申报上市材料或第三人符合上市条件而拒绝上市，原告有权要求被告回购原告的股权，被告必须以现金形式收购原告的股权，股权回购价款为原告投资本金（即375万元）加上投资期间的收益（双方约定回购的年投资回报收益率为8%）。合同签订后，原告依约向被告支付了全额投资款，而第三人并未在2013年6月30日前向中国证监会申报上市材料，第三人实际上已经符合上市条件而拒绝上市，因此，原告要求被告依约将股权回购，被告同意并支付了部分回购款，但尚欠原告部分股权回购款。请求判令：（1）被告向原告支付尚欠的股权回购款（即投资本金737788.66元加上每年8%的投资回报收益）；（2）被告以上述金额为本金按中国人民银行同期同类贷款利率的标准支付利息损失。

被告（反诉原告）陈晓龙辩称：纠纷发生后，双方口头约定被告支付原告400万元，双方就此了结纠纷。但是，原告收到被告支付的400万元后，却拒不办理股权转让手续。其反诉要求王美金返还1672223元并支付利息。

第三人金刚石公司述称：其是由集体所有制企业转型的有限责任公司，不具备上市的股份制改造条件，现资产不足以上市。

法院经审理查明：2011年4月16日，投资者原告王美金（作为甲方）与引资者被告陈晓龙（作为乙方）就第三人金刚石公司增资扩股准备改制上市事宜签订《增资扩股附属协议》一份，合同约定的主要内容如下："一、投资方出资375万元，认购第三人新增股份100万股；二、为确保投资方的利益，乙方同意，在满足下列任何一项条件时，投资方有权要求乙方购回投资方持有的上述股份，乙方应无条件接受投资方的回购申请：1. 股份公司2010年经审计后的净利润低于900万元，或2011年经审计后的净利润低于2100万元，或2012年经审计后的净利润低于4000万元；2. 股份公司未能于2013年6月30

日前向中国证监会申报上市材料；3. 股份公司符合上市条件，而拒绝上市等；三、如投资方在上述情况下提出股份回购申请，乙方以现金形式收购投资方股份。收购价格 = 投资方本次投资金额 + （投资方本次投资金额 × β × 成交日到收购日天数 ÷ 365 – 收购日前投资方已获得的现金红利），即投资方的投资本金加上投资期间的收益减去投资方已获得的现金红利，其中，β 为股份回购的年投资回报收益率，其值为 8%；乙方收到投资方要求出售所持股份书面通知的 90 天内，应向投资方支付完毕股份收购款项，同时投资方配合公司办理工商变更登记手续；四、投资方应于本协议签订后七日之内向乙方支付 187.5 万元，余额在增资扩股验资前汇入'福建金刚石工具科技股份有限公司（筹）'指定验资账户。"合同签订后，原告依约向被告支付了全额投资款，而第三人未能在 2013 年 6 月 30 日前完成股份制改造并向中国证监会申报上市材料。为此，原告依约要求被告将股权回购。2014 年 10 月 31 日和 2014 年 11 月 3 日，被告分别支付原告 200 万元，合计 400 万元，尚余 737788.66 元未支付。

【裁判结果】

福建省泉州市洛江区人民法院于 2016 年 7 月 20 日作出（2016）闽 0504 民初 72 号民事判决：一、被告陈晓龙应在本判决生效之日起 10 日内支付原告王美金投资本金 737788.66 元，并以年利率 8% 为标准计付自 2014 年 11 月 4 日起至实际付清款项之日止的投资回报收益；二、驳回原告王美金的其他诉讼请求；三、驳回反诉原告陈晓龙的反诉请求。宣判后，被告陈晓龙提出上诉。福建省泉州市中级人民法院于 2017 年 5 月 15 日作出（2017）闽 05 民终 104 号民事判决：驳回上诉，维持原判。陈晓龙不服福建省泉州市中级人民法院（2017）闽 05 民终 104 号民事判决，向福建省高级人民法院申请再审，福建省高级人民法院于 2017 年 12 月 15 日作出（2017）闽民申 2492 号民事裁定：驳回陈晓龙的再审申请。

【裁判理由】

法院生效裁判认为：王美金与陈晓龙签订的《增资扩股附属协议》系双方当事人真实意思表示，不违反法律、行政法规的强制性规定，合法有效，对双方当事人具有法律约束力。双方约定的"股份回购"条款系王美金为保护自身利益专门设置的在一定条件下自行退出该投资法律关系、恢复股权原有状态，并取得一定经济补偿的条款，属于缔约过程中当事人对投资合作商业风险的安排，且不存在其他附加条件，在该协议中双方已就在将来的经营过程中可能遇到的合作后果作出了安排，系双方的理性选择和商业判断，法院应尊重双方的自治行为，尊重各方基于私法自治精神达成的契约或契约型安排。在未违反法律规定中的效力性规范、诚实信用原则和公序良俗原则，不损害社会公共利益的前提下，双方自愿达成的契约或契约性安排都属于有效且应当予以尊重，双方也应予以遵守。现金刚石公司未按照约定上市，协议约定的股权回购条件业已成就，故王美金请求陈晓龙承担购回股份的责任具有合同与法律的依据，应予以支持。

【案例注解】

本案的争议焦点在于"对赌协议"的效力认定问题。"对赌协议"在国际投资领域已被广泛运用，但在国内私募股权投资（Private Equity，简称 PE）市场尚不多见，下面，笔者结合相关理论就此类新型案件进行分析。

一、"对赌协议"概述

"对赌协议"是估值调整机制（Adjustment Valuation Mechanism，简称 AVM）的俗称。关于"对赌协议"的具体涵义，没有统一说法。其核心内容是，如果被投资企业即目标公司未来业绩达到约定的条件，融资方可以行使相应权利，比如要求投资方向融资方无偿转让一定比例股权或兑现事先约定的条款；如果未达到预先约定的条件，则投资方有权行使权利，要求融资方向投资方无偿或者低价转让一定比例股权乃至将投资方的投资退回。"对赌协议"为无名合同，实质为一种特殊的股权买卖交易模式，它在国际投资领域已被广泛运用，但在国内私募股权投资市场尚不多见。

"对赌协议"的作用有：一是有利于促成交易。在 PE 中，因信息不对称，投资方与被投资企业在合作之前很难就企业价值达成一致意见。"对赌协议"的运用，有利于促进投融资双方通过先融资发展，再适用估值调整机制对双方利益进行平衡的合作模式，搁置争议，达成合作共识。二是有利于规避交易风险，起到一定的担保功能。在 PE 中，由于投融资双方对投资方的增资入股价格不是以缔约时的业绩为准计算，而是以融资方描述的未来业绩计算，这种预估结果与未来实际结果之间必然会有出入，要是不对此进行适度调节的话，交易双方势必有一方要吃亏。估值调整机制对此起到了类似于买卖合同中多退少补的作用，具有一定的担保功能。三是有利于促进目标公司发展。新资金的加入和业绩的承诺对目标公司会起一定的激励作用。

因签订主体及提供补偿主体的不同，可将“对赌协议”分成投资方与目标公司的对赌、投资方与目标公司其他股东的对赌、投资方与目标公司及其他股东的对赌三种类型。

二、“对赌协议”的效力评定

第一种意见认为，“对赌协议”是投资方的保护伞，对投资方的利益起到了旱涝保收的作用，侵害了其他股东及债权人的利益，违反《公司法》等法律强制规定，应认定为无效。第二种意见认为，“对赌协议”的效力应结合签订的主体与内容而论，违反《公司法》《合同法》等法律禁止性规定的自然应认定为无效，但没有违反的则应认定为有效，股东之间的“对赌协议”原则上应认定为有效。笔者同意第二种意见。理由有：（1）当事人意思自治原则决定了在不违法的前提下，法官应尊重当事人的选择，即私法主体有权依自己的意志实施不违法的私法行为，他人不得干预。（2）“对赌协议”中公共利益涉及的主体有目标公司、公司股东及公司债权人等，在投资人与目标公司对赌的情况下，若“对赌协议”内容损害了公司利益和公司债权人利益，比如违反《最高人民法院关于审理联营合同纠纷案件若干问题的解答》关于“明为投资实为借贷属于违法”的规定，又如导致目标公司资本的抽逃侵害其他股东及债权人利益等，则应认定为无效；反之，没有违反又意思表示真实的应视为有效。特别是对发生于股东之间的“对赌协议”，因其补偿主体为目标公司股东，通常不会侵害公共利益和违反法律强制性规定，应认定为有效。以“中国对赌条款第一案”原告苏州工业园区海富投资有限公司（即投资者）诉被告甘肃世恒有色资源再利用有限公司（即目标公司）、香港迪亚有限公司（即引资者）案为例，虽然最高人民法院在其作出的（2012）民提字第11号再审判决中以投资者与目标公司的对赌补偿约定，使得投资方可以取得相对固定的收益，损害了公司利益和公司债权人利益为由，认定该条款无效，但是同时以不损害公司利益和公司债权人利益，不违反法律法规的禁止性规定，是当事人的真实意思表示为由，将投资方与目标公司股东的对赌补偿约定认定为有效。

综上，本案中签订“对赌协议”的双方是作为投资者的原告王美金和作为引资者的被告陈晓龙，不涉及目标公司即第三人金刚石公司的资本处置与债务承担，无碍于公共利益，也未违反法律强制性规定。另外，“对赌协议”的补偿条款即《增资扩股附属协议》第三条约定是原、被告的真实意思表示，故一、二审法院认定本案的“对赌协议”有效是正确的。

【编后补评】

编者在案例选编中，发现近年司法实践中对赌协议纠纷案件为数不少，且绝大部分案件主要争议点在于对赌协议的法律效力问题。从我国对赌条款第一案“苏州工业园区海富投资有限公司与甘肃世恒有色资源再利用有限公司增资纠纷案”出现之后，对赌协议的效力评价就引起学界和实务界的异常争论。由此，对赌协议的法律效力确认是审理此类案件的关键问题。这亦是本案例的主要争议焦点。

对赌协议是由一种财务工具演变而来（其实质内涵的准确名称应为估值调整机制），是指投资人和处于对外融资阶段的目标公司或其股东合意预设某一特定的商业目标（主要为达成一定业绩指标或目标公司实现上市），并约定如在特定期间届满时该商业目标成就，则目标公司对投资人享有要求让渡股权、增加投资额等请求权，以弥补目标公司实际价值在缔约之初被低估的损失；反之，如商业目标未成就，则投资人对目标公司或其股东享有要求股权回购、利益补偿等请求权，以保障投资人资本退出顺畅和资金安全。由此可见，对赌协议的“赌”是投融资方以某种结果是否出现作为估值调整条件的。它作为一项新型的投资机制，一般是发生在私募基金和未来公开上市的公司之间的一种特殊股权买卖交易模式，属于典型的商事行为，由我国近年投融资实践中应运而生。但是，我国现有法律还没有对此进行专门规定，司法解释亦未对其性质作出认定。因此，司法案例形成的类案裁判规则尤为值得总结和探讨。

编者纵观所见案例，目前对赌协议的表现形式大致有：投资方与目标公司其他股东的对赌、投资方与目标公司的对赌、投资方与目标公司及其他股东对赌的三种情形。司法实践中基本的裁判思路是将对赌协议作为一种无名合同对待，一般适用《合同法》《公司法》中的相关规定，具体的裁判规则分析如下：

1. 投资方与目标公司的股东之间对赌协议的效力认定。此类对赌协议只要主体合格，当事人意思表示真实，内容不具有《合同法》第五十二条规定的无效情形时，一般确认有效。如此的裁判路径是源于前述的“对赌协议第一案”，该案中最高人民法院裁判理由表述为“（对赌协议）并不损害公司及公司债权人的利益，不违反法律法规的禁止性规定，是当事人的真实意思表示，是有效的"，推翻了一、二审中认定赌协议为"明为联营、实为借贷"的性质而确认无效的结论。对赌协议法律关系有其自身的特点：一是资金提供方所追求的目标不同，投资人着眼于通过股权退出渠道获得收益（目标实现）抑或获得资金补偿（目标未实现），其投资回报和目标公司的经营业绩直接挂钩；二是资金提供方对融资方业务有参与权，对赌协议的出资人往往会参与目标公司的经营发展，协助实现目标公司上市的相关条款；三是投资人和目标公司股东之间形成合意，减少投资人决策失误代价，并给予投资人投入巨额资金的一定补偿和担保。这是缔约双方的理性选择和商业判断，在不损害社会公共利益的前提下，这种契约性自治方式应该受到法律的肯定与尊重，这样有益于投资环境和经济秩序良性发展。本案即为此类型的对赌协议纠纷，故生效判决以原、被告签订的《增资扩股附属协议》系双方当事人真实意思表示，不违反法律、行政法规的强制性规定为由确认了协议合法有效。

2. 投资人和目标公司之间对赌协议的效力认定。此类协议内容往往会涉及投资人在一定条件下从目标公司本身获取利益补偿的权利，而该利益补偿的来源为公司自身的法人独立财产，明显有悖公司的资本维持原则，导致公司的法人独立财产面临着超常规、非营业性流失，直接损害公司利益。我国《公司法》第二十条第一款规定："公司股东应当遵守法律、行政法规和公司章程，依法行使股东权利，不得滥用股东权利损害公司或者其他股东的利益……"因此，投资人和目标公司之间对赌协议因违背资本维持原则，违反《公司法》中的禁止性规定，一般确认无效。如前述"对赌协议第一案"中，最高人民法院对此的裁判理由，"（对赌协议）使得海富公司的投资可以取得相对固定的收益，该收益脱离了世恒公司的经营业绩，损害了公司利益和公司债权人利益"。将投资人和目标公司之间的对赌条款认定为无效，其法律依据是维护公司的法定资本制，包括资本确定、资本维持和资本不变在内的公司资本三原则。资本维持原则要求公司运营中名义注册资本对应充足的实有财产，股东不得抽回出资、限制公司回购等以保护公司及其债权人合法权益。

3. 投资方与目标公司及其他股东对赌的协议效力认定。此类对赌协议其实就是将前述两类内容约定在一起，由前述理由可知，一般认定部分有效和部分无效，即目标公司股东和实际控制人向投资方所作保底收益承诺真实有效，但与目标公司所作的保底收益承诺会直接或间接地损害公司和其他股东以及公司债权人的利益，违反了法律、行政法规的效力性强制性规定，应为无效。前述的"对赌协议第一案"既是如此认定的案例，最高人民法院提审后认定投资方与融资公司的股东或实际控制人之间的对赌约定并不违反法律法规禁止性规定为有效，投资方与融资公司之间的对赌约定损害了公司及其债权人的利益而无效。诚然，这仅是对对赌协议效力认定基本概括，实践中具体案例都有其个案特点，审理中仍应具体问题具体分析。在责任承担上还会涉及多数发起股东承担按份还是连带股权回购责任的问题，对此一般有约定的按约定，未作约定的按照出资比例承担回购责任。需要说明的是，发起股东承担回购责任与股东行使优先购买权虽本质不同，但目前司法实践中是参照优先购买权行使的相关规定，这是因为：一是发起股东按照出资比例回购股权不会破坏公司内部的管理体系；二是投资方在明知发起股东股权出资比例的情况下，仍然未明确约定股权回购的方式及主体，其对自己的股权被发起股东按出资比例回购亦应已形成相应的预期。

对赌协议在国内还处于发展初级阶段，但随着我国深化市场经济改革的纵深推进，加之不久前国务院会议决定加强创造良好营商投资环境，这种新兴的投融资机制因其具有合作双方预设风险防范，激励合作主体勤勉尽职，实现投资利益最大化的积极的一面，将会促使更多的主体实践，进而导致法律纠纷增多。由于我国目前相关法律制度欠缺甚至空白，实践中有许多问题需要探讨研究，诸如保障投资人风险和收益设置实现公平，被投资企业及实际控制人对企业未来的估值进行折算的科学性而摆脱投机嫌疑，在公司实际控制人或大股东参与公司治理中保持公司的独立性等，这些反映在司法裁判中就是如何实现保障意思自治与公平正义的平衡。这些鲜活的司法案例将会为相关立法规范奠定基础。

（**一审法院合议庭成员** 龚万淳 苏静娴 黄雅思
二审法院合议庭成员 黄海清 鲍冬凡 李祖山
再审法院合议庭成员 黄浩洪 黄 曦 蔡素洁
编写人 福建省泉州市洛江区人民法院 林前枢 苏静娴
责任编辑、补评人 韩建英
审稿人 曹守晔）

知识产权

迪士尼企业公司、皮克斯诉厦门蓝火焰影视动漫有限公司、北京基点影视文化传媒有限公司等著作权侵权、不正当竞争纠纷案

——电影中动画形象及电影名称的保护

关键词：动画形象　独创性　实质性相似　知名商品特有名称

【裁判要旨】

1. 设计组合展示出动画形象的独有特征的，此等设计组合属于独创性表达，应当受到著作权法的保护。

2. 经过权利人的使用，已经能够发挥区别商品来源作用的电影名称，可以认定为具有一定影响的商业标识。

【相关法条】

《中华人民共和国著作权法实施条例》第二条　著作权法所称作品，是指文学、艺术和科学领域内具有独创性并能以某种有形形式复制的智力成果。

第四条第八项　美术作品，是指绘画、书法、雕塑等以线条、色彩或者其他方式构成的有审美意义的平面或者立体的造型艺术作品。

《中华人民共和国反不正当竞争法》（1993 年）第五条第二项①　经营者不得采用下列不正当手段从事市场交易，损害竞争对手：

（二）擅自使用知名商品特有的名称、包装、装潢，或者使用与知名商品近似的名称、包装、装潢，造成和他人的知名商品相混淆，使购买者误认为是该知名商品；

【案件索引】

一审：上海市浦东新区人民法院（2015）浦民三（知）初字第 1896 号（2016 年 12 月 29 日）

二审：上海知识产权法院（2017）沪 73 民终 54 号（2017 年 12 月 21 日）

【基本案情】

原告迪士尼企业公司（以下简称迪士尼公司）、皮克斯诉称：两原告是知名动画电影《赛车总动员》《赛车总动员 2》的著作权人。《汽车人总动员》由被告厦门蓝火焰影视动漫有限公司（以下简称蓝火焰公司）出品，由被告北京基点影视文化传媒有限公司（以下简称基点公司）发行。被告上海聚力传媒技术有限公司（以下简称聚力公司）提供该电影的在线播放服务。《汽车人总动员》中的动画形象“K1”“K2”与《赛车总动员》《赛车总动员 2》中的动画形象“闪电麦坤”“法兰斯高”构成实质性相似，《汽车人总动员》的电影海报与《赛车总动员 2》的电影海报构成实质性相似，构成著作权侵权。《汽车人总动员》的电影名称与《赛车总动员》系列电影名称近似。电影海报中，“人”字被轮胎遮挡，电影名称成为“汽车总动员”。蓝火焰公司的电影使用“汽车人总动员”或者“汽车总动员”的电影名称，均会误导公众，构成不正当竞争。原告向法院提出诉讼请求：蓝火焰公司、基点公司停止著作权侵权及不正当竞争行为；聚力公司停止通过信息网络传播向公众提供侵权作品；蓝火焰公司、基点公司连带赔偿迪士尼公司、皮克斯经济损失 300 万元及合理费用 100 万元。

---

① 本法已于 2017 年 11 月 4 日修订，修订后的本法自 2018 年 1 月 1 日起施行。修订后的本法第六条第一项规定：“经营者不得实施下列混淆行为，引人误认为是他人商品或者与他人存在特定联系：（一）擅自使用与他人有一定影响的商品名称、包装、装潢等相同或者近似的标识；……”

被告蓝火焰公司辩称："K1""K2"由其独立创作完成，与"闪电麦坤""法兰斯高"不相似。被告以"汽车人总动员"作为电影名称并无不当，观众不会混淆。请求法院驳回原告的诉讼请求。

被告基点公司辩称："K1""K2"与"闪电麦坤""法兰斯高"不相似。原告的电影名称不能认定为知名商品特有名称。被告发行涉案电影并未获利，反而造成了亏损，原告要求赔偿损失没有依据。请求法院驳回原告的诉讼请求。

被告聚力公司辩称：被告系经合法授权在PPTV网播放涉案电影，被告已从网站删除涉案电影。

法院经审理查明：迪士尼公司和皮克斯是动画电影《赛车总动员》（英文名称为《Cars》）和《赛车总动员2》（英文名称为《Cars2》）及电影海报、电影中动画形象"闪电麦坤"和"法兰斯高"的著作权人。两部电影先后于2006年、2011年在我国电影院上映。在电影上映期间，相关媒体曾对电影进行了大量的报道。一些媒体使用《赛车总动员》《飞车正传》《汽车总动员》等作为《Cars》的译名。在案件审理期间，公众可至腾讯视频点播上述电影。经授权，印有"闪电麦坤"和"法兰斯高"等动画形象的儿童手表、书包、不锈钢真空杯、全棉三件套等商品在天猫商城销售。

《赛车总动员》获得第64届金球奖年度最佳动画长片奖、第34届安妮奖年度最佳动画长片奖、第78届美国国家电影评论协会奖年度最佳动画长片奖等奖项。至2006年10月1日，《赛车总动员》的国际票房已超过2亿美元；至2011年8月7日，《赛车总动员2》的国际票房已超过2.6亿美元。在豆瓣电影网、时光网，上述两部电影的评分均超过7分。

动画电影《汽车人总动员》由蓝火焰公司出品，由基点公司发行。蓝火焰公司于2014年向有关部门进行电影剧本（梗概）备案、立项时所使用的名称为《小小汽车工程师》。2015年5月4日，蓝火焰公司经有关部门批准，将《小小汽车工程师》更名为《汽车人总动员》。

2015年4月27日，蓝火焰公司的法定代表人卓建荣发布微博称：大动画新生态，中国动画电影高峰论坛在杭州举行，动画电影《汽车总动员》（原文如此）将在暑期档7月3日全国公映，敬请期待。该微博配图中有"《汽车总动员》电影推介"字样。

《汽车人总动员》于2015年7月上映。位于上海市的万达影城等影院放映了电影《汽车人总动员》，影院门口展示了涉案的电影海报，并向观众提供印有电影海报的宣传册。电影海报上突出显示"汽车人总动员 The Autobots"

字样，其中“人”字被轮胎遮挡，海报主角为动画形象“K1”“K2”。PPTV网等视频网站向公众提供电影《汽车人总动员》的在线播放服务。

在《汽车人总动员》上映前后，有很多媒体刊发了对该电影的负面评论。如《南方都市报》刊载文章《汽车人？我还霸天虎呢！国产动画敢再山寨一点吗》，澎湃新闻网刊载文章《有些国产动画，真是教坏小孩子》，新浪娱乐刊载文章《〈汽车人总动员〉山寨？导演：又没违法》，界面刊载文章《〈汽车人总动员〉没法直视！国产动画抄袭严重》，荆楚网刊载文章《〈汽车人总动员〉，抄袭还是学习》，凤凰娱乐刊载文章《〈汽车人总动员〉导演回应抄袭质疑：长得像还犯法了》，网易娱乐刊载文章《“汽车人总动员”被指抄袭网友：国产片见不得人》，新民晚报网刊载的《“汽车人”傍名片“总动员”失效》。上述文章均指出《汽车人总动员》涉嫌抄袭的问题，一些报道称有观众误认为《汽车人总动员》是迪士尼公司的电影而购买了电影票。

在豆瓣电影网、时光网、格瓦拉网，《汽车人总动员》的得分均不超过2.5分。猫眼票房分析网公布的数据显示，自2015年7月3日至2015年7月14日，该电影的票房收入为563万元。

【裁判结果】

上海市浦东新区人民法院于2016年12月29日作出（2015）浦民三（知）初字第1896号民事判决：蓝火焰公司、基点公司停止著作权侵权行为及不正当竞争行为；聚力公司停止通过信息网络传播侵权作品；蓝火焰公司赔偿迪士尼公司、皮克斯经济损失100万元，基点公司对其中的80万元与蓝火焰公司承担连带赔偿责任；蓝火焰公司、基点公司赔偿迪士尼公司、皮克斯合理开支353188元；驳回迪士尼企业公司、皮克斯的其余诉讼请求。

蓝火焰公司、基点公司不服一审判决，向上海知识产权法院提起上诉。上海知识产权法院于2017年12月21日作出（2017）沪73民终54号民事判决：驳回上诉，维持原判。

【裁判理由】

法院生效判决认为：

一、关于著作权侵权纠纷

《赛车总动员》《赛车总动员 2》中的动画形象"闪电麦坤"及"法兰斯高"具有独创性，整体动画形象具有美感，属于美术作品。电影海报亦属美术作品。《赛车总动员》《赛车总动员 2》曾在国内影院上映，蓝火焰公司、基点公司有机会接触上述电影。"K1""K2"与"闪电麦坤"及"法兰斯高"构成实质性相似。蓝火焰公司、基点公司构成著作权侵权。

二、关于不正当竞争纠纷

《赛车总动员》《赛车总动员 2》取得了较高的票房收入，获得了众多奖项和奖项提名，媒体对两部电影进行了大量的报道，公众对电影的评价较高，视频网站至今仍提供上述两部电影的在线播放服务。经过大量使用、宣传，《赛车总动员》这一电影名称已经能够发挥区别商品来源的作用，属于知名商品特有名称。

《汽车人总动员》作为电影名称，以相关公众一般注意力为标准，不会将其与迪士尼公司、皮克斯的涉案电影发生混淆，不构成与迪士尼公司、皮克斯知名商品特有名称的近似。《汽车人总动员》的海报中，"人"字被轮胎遮挡，遮挡之后该电影名称的视觉效果变成了"汽车总动员"，相关公众容易产生误认，属于擅自使用知名商品特有名称的不正当竞争行为。

蓝火焰公司、基点公司实施了著作权侵权及不正当竞争行为，应当承担停止侵害、赔偿损失的民事责任。聚力公司应停止通过信息网络向公众提供侵权作品。综合考虑《赛车总动员》系列电影及动画形象的知名度、《汽车人总动员》的票房、蓝火焰公司的主观过错程度、蓝火焰公司既有著作权侵权行为又有不正当竞争行为、蓝火焰公司除了票房收入还有其他收入等因素，确定蓝火焰公司的赔偿金额为 100 万元。基点公司作为发行公司，仅参与了《汽车人总动员》的院线发行活动，与蓝火焰公司获得信息网络传播权的授权费等其他获利行为无关，故基点公司承担部分连带责任。蓝火焰公司、基点公司还应当赔偿迪士尼公司、皮克斯为制止侵权行为所支出的合理开支。

【案例注解】

一、动画形象著作权侵权的认定

《赛车总动员》系列电影中的"闪电麦坤"及"法兰斯高"动画形象是拟人化的赛车。这两个动画形象保留赛车通常都有的基本结构，如车身、车窗、车灯、车轮、尾翼等。主要在以下一些部位进行了拟人化设计：车辆前挡风玻璃被设计成拟人化的眼睛，有眼珠和可上下活动的上眼睑。进气格栅处为一张扁平状大嘴，露出白色牙齿。眼睛和嘴部动作能够带动表情变化。上述两个动画形象在保留赛车原有基本构造的基础上，通过拟人化的眼部和口部设计，使车辆具有拟人化的形象，能够通过表情表达情绪。此外，车辆的涂装色也反映了动画形象的性格等因素。"闪电麦坤"是流线型带尾翼的公路赛车，采用红色作为其车身的主要涂装色，两侧有火焰的图案，展现了该角色充满活力、拼搏进取的性格特征。"法兰斯高"是F1方程式赛车，"法兰斯高"的驾驶舱被设计为头盔状，车身较现实中的车身进行了相应缩短，并增加了更大的弧度使拟人化的形象更为协调。车身设计成绿、白、红三色，说明其是来自意大利的赛车。"法兰斯高"的整体设计突出其自信、强悍的性格特征。上述两个动画形象在既有车辆样式的基础上进行了独创性的设计，尤其是其拟人化的脸部具有很高的独创性，整体动画形象具有美感，属于美术作品，受我国《著作权法》的保护。《赛车总动员2》的电影海报背景为蓝色立体感的地球形状，地球的下方为以"闪电麦坤"为代表的四辆拟人化汽车形象，车辆下方有浅色车辆倒影。该电影海报具有独创性，属于受《著作权法》保护的美术作品。

"闪电麦坤""法兰斯高"是赛车动画形象，具有赛车通常具有的结构和样式。"闪电麦坤"具有公路赛车通常具有的结构及样式，如具有车灯、车轮、车窗、尾翼等结构及流线型的车身。"法兰斯高"具有F1方程式赛车通常具有的结构及样式，如突出的前鼻翼和尾翼、狭小的驾驶舱、宽大的轮胎、裸露的悬挂系统等。这些赛车通常具有的结构和样式已进入公有领域。但迪士尼公司、皮克斯并非简单复制现实中的赛车样式，而是在此基础上进行了变形，尤其是对车辆前脸进行了大量的重新设计，加上了拟人化的眼部和嘴部，使原本没有生命的赛车具有了拟人化的形象，能够通过眼神和嘴型等表达情感，上述设计具有独创性。

将《汽车人总动员》电影海报中的动画形象“K1”与“闪电麦坤”，“K2”与“法兰斯高”进行比较，“K1”“K2”使用了迪士尼公司、皮克斯“闪电麦坤”及“法兰斯高”动画形象最具独创性的眼部和嘴部的表达方式，两者几乎没有差别。《汽车人总动员》电影海报中的“K1”“K2”与“闪电麦坤”及“法兰斯高”动画形象构成实质性相似。

将电影中的动画形象“K1”“K2”与“闪电麦坤”及“法兰斯高”比较，“闪电麦坤”及“法兰斯高”的色调更加艳丽、饱满，“K1”“K2”色调较为灰暗，眼睛和嘴部较为粗糙。虽然两者存在一定区别，但两者仍有很多相似之处，尤其是在拟人化的部分，两者都是将前挡风玻璃处设计为眼部，并包含了可上下移动的上眼睑，都将进气格栅处设计为嘴部。此外，两者还采用了近似的涂装色，“K1”和“闪电麦坤”都采用红色为涂装色，“K2”和“法兰斯高”亦采用相同的三色涂装色。简单的某种设计思路作为思想不应被垄断，应当允许合理的参考与借鉴。但是，当多重的设计组合充分展示出拟人化的独有特征后，这种设计的组合不再属于不受保护的思想，而进入独创性表达的范畴。迪士尼公司、皮克斯的“闪电麦坤”和“法兰斯高”动画形象通过拟人化的眼部、嘴部以及特定色彩的组合，构成独创性表达，而蓝火焰公司、基点公司恰恰在上述设计组合上复制了迪士尼公司、皮克斯的作品。“K1”“K2”使用了“闪电麦坤”“法兰斯高”具有独创性的表达，两者构成实质性相似。

《赛车总动员》《赛车总动员 2》都曾在国内上映。媒体在 2006 年、2011 年期间曾对上述电影及其中的动画形象、电影海报作了报道。蓝火焰公司、基点公司有机会接触上述作品。汽车的拟人化设计有较大的创作空间，但蓝火焰公司、基点公司直接使用了迪士尼公司、皮克斯动画作品中具有独创性的表达，构成著作权侵权。

原告还主张，《汽车人总动员》的电影海报和《赛车总动员 2》构成实质性相似。《汽车人总动员》电影海报中“K1”“K2”动画形象与“闪电麦坤”“法兰斯高”构成实质性相似。但就海报整体而言，两者在构图、背景等方面均存在较大的差别，故两者不构成实质性相似。

二、电影名称受反不正当竞争法保护的条件

根据《最高人民法院关于审理不正当竞争民事案件应用法律若干问题的解释》第一条规定，人民法院认定知名商品，应当考虑该商品的销售时间、销售区域、销售额和销售对象，进行任何宣传的持续时间、程度和地域范围，作为知名商品受保护的情况等因素，进行综合判断。不同于普通商品的销售、

宣传，电影的放映和宣传有其特殊性。通常情况下，电影在影院连续上映的时间不会超过一个月。制片方或发行方通常会在电影放映前及放映期间进行集中宣传，档期结束后通常不再进行宣传。因此，在认定电影的知名度时，不应过分强调宣传的持续时间或放映的持续时间，而应当考察电影投入市场前后的宣传情况、所获得的票房、相关公众的评价以及是否具有持续的影响力等因素。迪士尼公司、皮克斯的两部涉案电影取得了较高的票房收入，获得了众多奖项和奖项提名，媒体进行了大量报道，公众对电影的评价较高。影院放映结束后，视频网站至今仍提供涉案电影的在线播放服务，上述两部电影仍然在相关公众中具有较高的影响力。

1993 年《反不正当竞争法》第五条第二项规定的知名商品特有名称的特有性，是指能够区别商品来源的显著性。“赛车总动员”一词并非英文名称“Cars”的直译，“赛车”是一类汽车的称呼，“总动员”的含义是为完成某项重要任务动员全部力量，将电影的主角“赛车”和表明发动力量的“总动员”结合在一起，用于拟人化赛车题材电影作品的名称，其名称具有一定的独特性。经过权利人的使用、宣传，相关公众会将《赛车总动员》这一电影名称与迪士尼公司、皮克斯联系在一起，这一电影名称已经能够发挥区别商品来源的作用，属于知名商品特有名称。

迪士尼公司、皮克斯主张，涉案电影又译为《汽车总动员》，故《汽车总动员》亦属于原告的知名商品特有名称。在“索爱”商标争议行政案〔（2010）知行字第 48 号〕中，最高人民法院认为，争议商标“索爱”，无论是作为未注册商标的简称，还是作为企业名称或知名商品特有名称的简称，其受法律保护的前提是，对该标识主张权利的人必须有实际使用该标识的行为，且该标识已能够识别其商品来源。在争议商标申请日前，索尼爱立信公司并无将争议商标作为其商业标识的意图和行为，相关媒体对其手机产品的相关报道不能为该公司创设受法律保护的民事权益。根据《电影管理条例》第五条规定，国家对电影摄制、进口、出口、发行、放映和电影片公映实行许可制度。《赛车总动员》和《赛车总动员 2》是迪士尼公司、皮克斯经过有关部门批准在国内使用的电影名称。虽然有的报刊、网站将《Cars》《Cars2》译为《汽车总动员》《汽车总动员 2》，但迪士尼公司、皮克斯在国内并未主动将《汽车总动员》《汽车总动员 2》作为电影名称进行商业性的使用，故《汽车总动员》《汽车总动员 2》不属于知名商品特有名称。

本案的特殊之处在于，蓝火焰公司的涉案电影经批准使用的名称为《汽车人总动员》，电影片头的名称亦是《汽车人总动员》。但该电影海报中，

"人"字被轮胎遮挡，遮挡之后该电影名称的视觉效果变成了"汽车总动员"。原告主张，被告使用"汽车人总动员""汽车总动员"均构成不正当竞争。笔者认为，上述两种情况应分别认定，应着重考察是否会导致相关公众的混淆。

电影的名称通常较短，不同制片者拍摄相同题材电影的情况较为常见，故应合理界定构成知名商品特有名称的电影名称的保护范围，否则会侵占公有领域的资源。蓝火焰公司的电影《汽车人总动员》这一名称中，"汽车人"有多种含义，一种指汽车业的从业人员，还有一种是指类似变形金刚这类高度拟人化的汽车形象。"汽车人"在这些语境中的含义与"赛车"具有较大的区别。一部动画电影以"汽车人总动员"为名称，以相关公众一般注意力为标准，不会将其与迪士尼公司、皮克斯的涉案电影发生混淆或者误认，"汽车人总动员"与"赛车总动员"不近似。

《汽车人总动员》的海报中，"人"字被轮胎遮挡，遮挡之后该电影名称的视觉效果变成了"汽车总动员"。"汽车总动员"和"赛车总动员"仅一字之差，且赛车属于汽车，相关公众在隔离比对的情况下，容易产生误认。根据现有证据，已经有观众对两者产生误认，以为涉案侵权电影是迪士尼公司、皮克斯制作的系列电影。蓝火焰公司、基点公司的上述行为，主观上具有攀附迪士尼公司、皮克斯知名动画电影名称的故意，客观上易使相关公众产生误认，从而不当利用了迪士尼公司、皮克斯涉案电影的在先商誉，构成擅自使用知名商品特有名称的不正当竞争行为。

（**一审法院合议庭成员** 朱 丹 徐 俊 邵 勋
二审法院合议庭成员 黎淑兰 徐 飞 凌 崧
编写人 上海市浦东新区人民法院 徐 俊 邵 勋
责任编辑 宋建宝
审稿人 王 闯）

建科公司诉舒开泰技术合同纠纷案

——职务技术成果的认定及侵害他人技术成果合同的处理

关键词：职务技术成果　关联性　合同效力　诉讼地位

【裁判要旨】

1. 职务技术成果的认定，需全面考量“员工”与“单位”之间的关系，准确把握“执行本单位工作任务”与“主要利用单位物质技术条件”的构成与选择，并考虑该员工的技术能力等因素，合理平衡单位与员工之间的利益关系。

2. 侵害他人技术成果的技术合同为效力待定合同，如权利人对该合同予以追认的，合同应为有效，权利人不予认可的，则合同无效。

【相关法条】

《中华人民共和国合同法》第三百二十九条　非法垄断技术、妨碍技术进步或者侵害他人技术成果的技术合同无效。

《最高人民法院关于审理技术合同纠纷案件适用法律若干问题的解释》第二十二条　合同法第三百四十二条规定的“技术转让合同”，是指合法拥有技术的权利人，包括其他有权对外转让技术的人，将现有特定的专利、专利申请、技术秘密的相关权利让与他人，或者许可他人实施、使用所订立的合同。但就尚待研究开发的技术成果或者不涉及专利、专利申请或者技术秘密的知识、技术、经验和信息所订立的合同除外。

技术转让合同中关于让与人向受让人提供实施技术的专用设备、原材料或者提供有关的技术咨询、技术服务的约定，属于技术转让合同的组成部分。因此发生的纠纷，按照技术转让合同处理。

当事人以技术入股方式订立联营合同，但技术入股人不参与联营体的经营管理，并且以保底条款形式约定联营体或者联营对方支付其技术价款或者使用费的，视为技术转让合同。

【案件索引】

一审：天津市第一中级人民法院（2016）津01民初252号（2017年5月25日）

二审：天津市高级人民法院（2017）津民终396号（2017年12月12日）

【基本案情】

原告建科公司诉称：2006年5月19日，其与舒开泰签订一份合作生产、销售“GT系列高效钢筋矫直切断机”的协议书。在履行协议书期间，舒开泰故意隐瞒其专利被国家知识产权局检索部门认定不具有创造性的结论。建科公司于诉前发现，在2000年黑马公司曾聘用舒开泰对从德国进口的矫直切断机进行测绘，舒开泰参与制造矫直切断机的全部工作。黑马公司将矫直切断机样机分别申请了两项实用新型专利。上述协议书中专利和矫切机全部技术是黑马公司矫直切断机的技术。诉讼请求：（1）确认建科公司与舒开泰签订的协议书和技术转让合同无效；（2）判令舒开泰返还建科公司已支付的技术转让费和违约金合计人民币50万元；（3）舒开泰承担本案诉讼费。

舒开泰答辩并反诉称：双方是合作生产销售矫切机的合作法律关系，在合作过程中舒开泰没有违约，黑马公司的专利和舒开泰的技术均参考德国技术，属于现有技术。舒开泰提供给建科公司的技术与黑马公司的技术不同，前者进行了大量技术改造，增加了变向功能等。舒开泰是“变向矫直机”技术和“GT系列高效钢筋矫直切断机”技术的合法拥有人。截至2009年年底，建科公司已拖欠舒开泰提成费64万元。请求法院驳回建科公司的诉讼请求。同时舒开泰提出反诉请求：（1）判令建科公司给付提成费64万元；（2）判令建科公司提交2009年度至2011年度的产品销售会计账目供舒开泰查阅；（3）反诉费用由建科公司承担。

建科公司针对舒开泰的反诉答辩称：两份协议涉及技术转让合同和专利实施许可合同，舒开泰存在故意隐瞒专利不具有创造性检索报告、不履行专利维权义务、不能为建科公司独家生产和销售矫切机提供技术保证等违约行为，舒开泰转让给建科公司的矫切机全部技术是黑马公司的技术，其转让无效。2010年1月舒开泰主动离开建科公司放弃履行协议书中义务，舒开泰的反诉请求已超过诉讼时效，请求依法驳回舒开泰的反诉请求。

黑马公司针对建科公司的诉讼请求、舒开泰的反诉请求述称：舒开泰提供的技术侵犯了黑马公司的专利，建科公司根据舒开泰转让的专利和技术秘密生产矫切机，也侵犯了黑马公司的知识产权，黑马公司保留追究舒开泰、建科公司法律责任的权利。

法院经审理查明：2006年5月19日，建科公司和舒开泰签订一份合作生产、销售“GT系列高效钢筋矫直切断机”的协议书，主要内容为：舒开泰方负责提供生产矫切机的全部机械图纸、电气原理图、相关专利及生产技术，为建科公司生产矫切机提供技术保证。建科公司负责提供生产、销售矫切机的全部资金及建科公司在国内外的市场平台，并负责生产矫切机。在协议有效期内，舒开泰负责技术指导，建科公司支付舒开泰指导费每月1000元。在本协议签订后，建科公司同意用现金的方式向舒开泰首付人民币25万元。在协议有效期内，每销售一台矫切机，建科公司要向舒开泰支付人民币2万元，但舒开泰收取的首付款和提成款相加达到100万元后，每台机器的提成变更为1万元。2006年5月31日，建科公司和舒开泰签订技术转让协议和关于2006年5月31日“技术转让协议”的补充说明。前一份协议约定的主要内容：“一、舒开泰负责向建科公司提供生产矫切机的全部机械图纸、电气原理图和生产技术，为建科公司生产矫切机提供技术保证。二、建科公司同意向舒开泰支付技术转让费25万元。”补充说明的主要内容：双方签订2006年5月31日的“技术转让协议”的目的，仅仅是为了便于舒开泰在税务局开具正式发票，也便于建科公司向舒开泰支付技术转让费。2006年5月31日的“技术转让协议”不是一份正式的协议。双方的正式协议仍然以双方2006年5月19日签订的“协议书”为准。2006年6月1日，建科公司和舒开泰签订技术秘密转让合同，该合同的主要内容：舒开泰将其拥有矫切机项目的技术秘密使用权转让建科公司；技术秘密范围包括整机的生产制造技术；为保证建科公司有效实施本项技术秘密，舒开泰向建科公司提交“机械图纸、电气原理图”。技术秘密使用费总额为人民币25万元整，由建科公司一次性支付舒开泰。舒开泰在涉案合同履行期间提供的图纸中既有“变向矫切机总图”，也包括“单向变速箱”装配图，其中剪切箱总图明确注明黑马公司的名称。建科公司实际生产销售的是“单向矫切机”。

2002年舒开泰申请制动式气动离合器的实用新型专利，2007年5月25

日，舒开泰申请对该专利进行检索，国家知识产权局作出专利检索报告，认为该专利不具备创造性。2003 年 9 月 3 日，国家知识产权局授予黑马公司设计的高速钢筋矫直切断机电控柜实用新型专利。因未按时缴纳专利年费，该专利于 2011 年 9 月 13 日终止。2003 年 12 月 31 日，国家知识产权局授予黑马公司高速钢筋矫直切断机实用新型专利。因未按时缴纳专利年费，该专利于 2010 年 8 月 17 日终止。两个专利“设计人”处记载为：朱文生、梁孝敏。舒开泰于 2000 年至 2002 年初临时受聘黑马公司，参与了测绘和制造德国“钢筋矫直切断机”的技术工作。当时参与测绘工作的共三人，朱文生任组长，舒开泰作为外聘技术人员主要负责机械部分，另一位黑马公司员工梁孝敏负责电器部分。2001 年底黑马公司成功制造出一台“高速钢筋矫直切断机”。舒开泰表示，其于 2000 年 4 月去黑马公司，当时黑马公司已花费 140 万元购买了一台德国的“钢筋矫直切断机”，请其测绘该设备，该设备的使用说明书和中文版的使用手册对其帮助很大，其在黑马公司帮忙期间，黑马公司每月给付其报酬 500 元，2002 年初舒开泰离开黑马公司。

【裁判结果】

天津市第一中级人民法院于 2017 年 5 月 25 日作出（2016）津 01 民初 252 号民事判决：一、确认原告建科公司与被告舒开泰 2006 年 5 月 19 日签订的协议书中涉及技术秘密转让合同的内容无效；二、本判决生效之日起 10 日内，被告舒开泰返还原告建科公司专利实施许可费 10 万元；三、驳回原告建科公司其他诉讼请求；四、驳回反诉原告舒开泰的全部反诉请求。宣判后，建科公司、舒开泰提出上诉。天津市高级人民法院于 2017 年 12 月 12 日作出（2017）津民终 396 号民事判决：驳回上诉，维持原判。

【裁判理由】

法院生效裁判认为：

一、建科公司与舒开泰之间签订的涉案协议的性质

《最高人民法院关于审理技术合同纠纷案件适用法律若干问题的解释》（以下简称《技术合同若干问题的解释》）第四十二条第二款规定：“技术合同名称与约定的权利义务关系不一致的，应当按照约定的权利义务内容，确定合

同的类型和案由。”明确合同的性质是确认合同效力的前提。当合同性质发生争议时，应当从合同内容出发，根据合同特征及主要条款等加以理解和判定，不能仅凭合同名称或主题而定。

本案中，建科公司与舒开泰之间围绕“GT系列高效钢筋矫直切断机”生产技术，先后签订了若干协议书、补充说明和补充协议等涉案协议，各协议的基本内容不存在明显冲突。法院认为，根据双方多份协议的签订过程、具体约定，尤其是双方2006年5月31日签订的补充说明与2007年3月23日签订的补充协议，可以认定双方2006年5月19日签订的协议书为基础协议，其他协议系为解决双方2006年5月19日协议中首付款与提成款的支付与发票问题而签订的，故应当根据该协议内容确定双方之间法律关系的性质，其他协议可以作为参考。建科公司关于2006年6月1日经备案的技术秘密转让合同，系对2006年5月19日协议除专利部分外所作实质性变更的主张，理据不足，法院不予支持。

关于建科公司与舒开泰之间涉案协议的性质。双方的基础协议为2006年5月19日签订的协议书，虽该协议主题部分有“双方经过充分协商，决定合作生产、销售‘GT系列高效钢筋矫直切断机’”的表述，但根据合同内容、双方当庭对相关内容的解释及该协议的履行情况，舒开泰的主要义务系为建科公司生产矫切机提供技术保证，包括提供全部机械图纸、电气原理图等相关图纸，以及舒开泰申请的“制动式气动离合器”实用新型专利等生产技术，并提供相关技术指导。建科公司主要负责提供生产、销售矫切机的全部资金及建科公司在国内外的市场平台，并负责生产矫切机。无论矫切机是否生产成功并销售，建科公司均需要支付舒开泰首付款25万元，在此基础上，另根据产品销量支付舒开泰相应提成款。结合该协议对舒开泰提供发票项目的要求，并参考其他协议的相关约定，可以看出双方之间的权利义务关系符合技术转让合同的法律特征，同时包含部分技术服务内容，故一审判决认定双方之间为专利实施许可合同关系和技术秘密转让合同关系，并无不当。因双方并未约定舒开泰参与建科公司的经营管理，涉案协议中也未约定生产、销售的风险承担，舒开泰亦不能对无论矫切机是否生产、销售成功其均可获得25万元首付款进行解释，故舒开泰关于其与建科公司之间为合作生产关系的主张，缺乏事实和法律依据，法院不予支持。

二、涉案协议的效力及对相关费用支付的影响

建科公司与舒开泰于2006年5月19日签订的协议书，是双方的真实意思

表示。关于该协议的效力，应依据法律并结合相关事实，分别予以认定。

（一）涉案协议中专利实施许可部分合同内容的效力及影响

我国《专利法》第四十七条规定："宣告无效的专利权视为自始即不存在。宣告专利权无效的决定，对在宣告专利权无效前人民法院作出并已执行的专利侵权的判决、调解书，已经履行或者强制执行的专利侵权纠纷处理决定，以及已经履行的专利实施许可合同和专利权转让合同，不具有追溯力。但是因专利权人的恶意给他人造成的损失，应当给予赔偿。"据此，专利被宣告无效并不影响已经签订的专利实施许可合同的效力。

本案中，舒开泰许可建科公司实施的制动式气动离合器实用新型专利，系舒开泰2002年1月25日申请，2002年10月16日经国家知产局授权公告。2006年5月19日双方签订合同时，该专利尚处于有效期，该协议亦依法生效。后经舒开泰申请，国家知识产权局于2007年7月15日作出专利检索报告，认为该专利不具备创造性。直至2010年离开建科公司，舒开泰并未告知建科公司该事实。此后，舒开泰的该项专利经建科公司申请，业经北京市高级人民法院终审判决确定无效。鉴于舒开泰收到专利检索报告后即应知晓其专利的有效性存在问题，但其并未就此与建科公司协商后续事宜，此种做法有违履行合同义务应当遵守的诚实信用原则。加之舒开泰的专利已经无效，舒开泰亦存在恶意，故一审法院认定舒开泰在2007年7月15日之后收取的专利实施许可的相应费用作为建科公司的损失予以退还，以及对舒开泰主张建科公司支付其余许可费用的诉请不予支持，并无不当。

关于舒开泰应当返还专利实施许可费的数额问题。涉案协议签订后，建科公司已陆续向舒开泰支付首付款25万元及提成款93万元。对首付款和提成款的性质问题，建科公司主张，根据2006年6月1日技术秘密转让合同的约定，该25万元为技术秘密转让费，其余均为专利实施许可费。对此，法院认为，根据前述分析，建科公司与舒开泰之间权利义务关系的确定应以2006年5月19日签订的协议书为准，因此，建科公司支付的首付款和提成款均为专利实施许可费和技术秘密转让费，这种约定也与专利与技术秘密对于整个技术的贡献程度相匹配。由于双方未约定专利实施许可费与技术秘密转让费用的具体比例，考虑相关技术的性质、价值，舒开泰知道专利可能无效的时间及其主观恶意等因素，一审判决酌情确定舒开泰返还建科公司专利实施许可费10万元，亦无不当。

（二）涉案协议中技术秘密转让部分合同内容的效力及影响

我国《合同法》第三百二十九条第一款规定："非法垄断技术、妨碍技术进步或者侵害他人技术成果的技术合同无效。”本案中，建科公司主张舒开泰转让的技术秘密系侵害黑马公司的技术成果，黑马公司对此表示认可，但表明其将另行向舒开泰和建科公司主张相关权益。舒开泰主张其提供给建科公司的技术系在黑马公司矫切机生产技术基础上的改进，两者存在根本不同，且无论黑马公司的技术还是其提供给建科公司的技术均属于现有技术。

对此，法院认为，根据双方约定，舒开泰向建科公司提供的技术秘密主要包括生产矫切机的全部机械图纸、电气原理图等相关图纸在内的生产技术。首先，根据已查明案件事实，舒开泰的技术秘密来源于其受聘黑马公司期间参与测绘和制造德国“钢筋矫直切断机”的技术，即便该技术中机械部分的图纸为舒开泰所绘制，但舒开泰主要利用了黑马公司提供的德国设备及相关说明书，并领取了黑马公司发放的报酬。由于黑马公司购买的德国设备更为先进高效且价格高昂，经过包括舒开泰在内的技术人员历时一年多的研发，黑马公司的样机制造完成。后黑马公司就该技术先后申请“高速钢筋矫直切断机”和“高速钢筋矫直切断机电控柜”两项实用新型专利并被授权，专利文件中记载的设计人为当时参与研发的黑马公司技术人员。舒开泰在庭审中表示，其在去黑马公司之前对国内生产的矫切机有了解，在去黑马公司之后才接触到德国此类设备。舒开泰向建科公司所提供图纸中的剪切箱总图上明确标有黑马公司的字样。其次，舒开泰虽主张其转让给建科公司的是“变向矫切机”生产技术，其也按约定提供了“变向矫切机总图”，该技术与黑马公司的“单向矫切机”技术相比在齿轮变速箱上具有根本性的改进，两者并不相同。但根据黑马公司的专利文件、舒开泰向建科公司提供的图纸及双方对矫切机技术的陈述等，舒开泰在涉案合同履行期间提供的图纸中包括“单向变速箱”装配图，建科公司根据舒开泰提供的技术实际生产销售的也都是装配“单向变速箱”的矫切机。舒开泰在庭审中对建科公司实际生产的产品是“单向矫切机”的事实表示认可，其亦未提供证据证明建科公司曾经生产过变向矫切机。因此，不能认定舒开泰实际转让给建科公司的技术中是其主张的“变向矫切机”技术，舒开泰关于其提供给建科公司的技术秘密与黑马公司的技术存在根本区别的主张，事实依据不足，法院不予支持。再次，舒开泰虽主张无论黑马公司的技术还是其提供给建科公司的技术秘密均属于现有技术，但其对该主张并未提供充分证据予以证明，况且技术合同的转让方本就不能以技术转让的名义提供已进入公有领域的技术并收取转让费，故舒开泰的该项主张法院亦不予支持。

根据以上分析，舒开泰向建科公司转让的技术秘密侵犯了黑马公司的技术成果，涉案协议中涉及技术秘密部分的合同内容应属无效，一审判决对此认定正确。基此，一审法院对建科公司请求舒开泰返还技术秘密转让费及舒开泰要求建科公司继续支付相关提成费的反诉请求均未予支持，并无不当。至于黑马公司的相关权益，经人民法院释明后黑马公司并未在本案诉讼中提出请求，故本案不予评价。

【案例注解】

一、职务技术成果的认定

职务技术成果的归属认定，关系到员工、单位的利益，也关系到社会公众利益，应贯彻平等保护的理念，合理平衡员工、单位和社会公众利益。司法实践中，经常出现员工在单位期间完成的发明创造没有申请专利或者不满足《专利法》要求的条件，但这些发明创造也具有巨大的价值，即属于本文所称的“技术成果”。发明创造可能会给企业或个人带来巨大的经济利益和竞争优势，但发明创造不是简简单单就能够完成的，往往需要大量的人力、物力和财力的支持，通过各要素之间的相互配合，形成优势互补，从而最大限度地推进研发工作有序进行，达到预期效果。当然，研发过程中时刻可能要承担失败的风险。鉴于此，实践中经常出现员工为完成单位的任务或主要利用单位的物质技术条件，完成了某项发明创造，此时需要明确地在单位与员工之间划清职务与非职务技术成果的界限，合理配置员工与单位之间的权利，从而促进发明创造的应用，激发社会创新活力。

司法实践中如何准确界定“职务”与“非职务”技术成果之间的界限，笔者认为，需全面准确考量“员工”与“单位”之间的关系，同时应考虑该员工自身的技术能力及其与单位之间的贡献比。法律只明确规定了“职务发明”，该规则同样适用于“职务技术成果”。我国《专利法》第六条、《专利法实施细则》第十二条和《合同法》第三百二十六条对职务专利的归属作了明确的规定，但司法实践中对如何理解单位与员工之间的关系、“关联性”、主要利用单位物质技术条件等存在争议。

关于员工与单位之间的“关系”问题，笔者认为这种“关系”应从宽泛角度理解，不仅仅包括员工与单位之间形成劳动合同关系，还包括基于合作、协助或临时聘用、帮助关系而形成的临时工作关系，《专利法实施细则》第十二条规定，“本单位”包括“临时工作单位”。一般情况下单位支付给员工相关的工资或福利作为该员工提供服务的对价，即可认定员工与单位之间存在这种“关系”。本案中根据在案证据证明，舒开泰在2000年至2002年初临时受聘黑马公司，参与了测绘和制造德国“钢筋矫直切断机”的技术工作，舒开泰在黑马公司帮忙期间，黑马公司每月给付其报酬500元，可以认定舒开泰与黑马公司存在临时工作关系。

《专利法》第六条规定，执行本单位的任务或者主要是利用本单位的物质技术条件所完成的发明创造为职务发明创造，对于主要利用本单位的物质技术条件的，单位与发明人或者设计人可以对专利权的归属作出约定。“主要利用单位物质技术条件”，即员工在完成该技术成果的过程中所需要的物质技术条件大部分来自单位；或者是部分甚至小部分物质技术条件来自单位，但这些物质技术条件在技术成果的形成过程中起到了关键或者实质性的作用。单位的物质技术条件主要包括本单位的资金、设备、零部件、原材料或者不对外公开的技术资料等。从《专利法》第六条的规定看，职务技术成果的两个条件之间存在选择的关系，即职务技术成果或者为执行本单位的任务，或者是主要利用本单位物质技术条件所完成。但实践中两者之间并非泾渭分明，案件审理中两者交叉重叠的情况也时有出现。本案中，舒开泰受聘黑马公司期间，参与了测绘和制造德国“钢筋矫直切断机”的技术工作，该设备与国内同种设备相比更为先进高效。舒开泰表示，当时黑马公司已花费140万元购买了一台德国的“钢筋矫直切断机”，该设备的使用说明书和中文版的使用手册对其帮助很大。德国的“钢筋矫直切断机”及相关资料是研发涉案技术的基础和关键部分，在当时的技术条件下，如果没有对该设备的反向工程，黑马公司的技术研发和样机制造难以实现，故满足“主要利用单位物质技术条件”的要求。同时，舒开泰受聘于黑马公司并在公司参与对德国“钢筋矫直切断机”的反向工程，也符合执行单位工作任务的条件。这种情况下，笔者认为，主要考察单位安排员工从事该项智力创造活动的出发点，单位交给员工一项技术攻关任务，同时员工利用单位的物质技术条件，此时的物质技术条件是为员工解决特定技术难题，完成交办任务的途径和手段，从这个意义上讲，该技术成果是在单位交办工作任务时，员工通过利用单位的物质技术条件，加上自己的创造性劳动后形成的结晶，显然属于执行本单位工作任务的范畴。本案现有证据可以认定舒开泰掌握的矫切机技术来自其参与的测绘和制造德国“钢筋矫直切断机”的技术工作过程，该技术成果应当属于职务技术成果，归黑马公司所有。当然，司法实践中员工经常抗辩其完成的技术成果是依靠其自身独立完成的，此时需要结合在案证据，并考虑该员工所学专业、之前的工作经历和工作性质、在现单位工作范围等综合判断。本案中，德国矫切机设备与国内同种设备相比更为先进高效，且价格高昂。舒开泰表示其在去黑马公司之前仅对国内生产的矫切机有所了解，在去黑马公司之后才接触到德国此类设备并受到很大启发，可以认定舒开泰仅依据自身的知识储备无法研发出与德国水平相当的矫切机设备，故其该项抗辩不能成立。

二、侵害他人技术成果的技术合同效力的认定

技术合同是科技成果商品化的主要法律形式，是科学技术与经济建设相连接的纽带，技术合同的特殊性决定了技术合同纠纷的审理有别于传统民事合同。关于侵害他人技术成果的技术合同的效力问题，由于不涉及国家利益、集体利益，仅侵害了第三人的利益，《合同法》第五十二条规定，仅损害第三人利益，合同并不因此无效，还需满足合同双方恶意串通的条件。侵害他人技术成果的技术合同的效力应当尊重第三人的意思表示，由真正的权利人来决定该合同的效力，且合同法的立法精神之一是追求交易安全，不能简单否定合同的效力，故侵害他人技术成果的技术合同为效力待定合同，如权利人对该合同进行了追认，则合同有效。在权利人拒绝追认的情况下，侵害他人技术成果的相应部分无效，该无效部分一般不会影响合同其他权利义务的履行，合同其他部分仍然有效。既要保护权利人的合法利益，也要保护合同善意相对方的正当权益，注重当事人之间正当利益的平衡。本案中，舒开泰与建科公司之间的技术合同中转让的技术秘密部分侵犯了黑马公司的技术成果，鉴于黑马公司拒绝追认，故法院认定涉案协议中涉及技术秘密部分的合同内容无效。

司法实践中有观点认为，对于侵害他人技术成果的技术合同，合同当事人及真正权利人以外的任何人均有权向法院起诉，要求法院确认合同无效，理由是任何人发现合同包含有无效因素均可以向法院起诉。笔者对此持否定态度。侵害他人技术成果的技术合同为效力待定的合同，而非绝对无效的合同，可以通过真正权利人追认进行效力补正。《技术合同若干问题的解释》第四十四条第一款规定："一方当事人以诉讼争议的技术合同侵害他人技术成果为由请求确认合同无效，或者人民法院在审理技术合同纠纷中发现可能存在该无效事由的，人民法院应当依法通知有关利害关系人，其可以作为有独立请求权的第三人参加诉讼或者依法向有管辖权的人民法院另行起诉。"这种情况下，只赋予合同相对方和权利人以诉权是适当的。对于权利人在案件中的诉讼地位确定问题，权利人可以以原告身份对合同当事人提起侵权之诉或确认合同无效之诉；如果合同一方以侵害他人技术合同为由起诉合同相对方主张合同无效，此时权利人可以有独立请求权的第三人身份主张自己的权利；也可以无独立请求权第

三人参与诉讼便于案件事实查明。对于权利人的权益其可以通过另案诉讼解决。对于权利人不明确表示是否主张权利的，经法官行使释明权后仍不明确表示的，应按照无独立请求权第三人列明其身份。本案中，法院依法通知黑马公司参与本案诉讼，在人民法院依法释明后黑马公司只认可涉案技术合同侵犯了黑马公司的技术成果，但并未在本诉讼中提出其诉讼请求，故法院将黑马公司列为无独立请求权第三人，对其相关权益在本次诉讼中未予评价。关于本次诉讼是否对黑马公司将来就涉案合同提起侵权诉讼作出预判力的问题，本次诉讼系根据在案证据作出的事实认定，后续诉讼中如果发现新证据，可根据新证据作出相应裁判。

（**一审法院合议庭成员** 史会明 刘 洋 范培舒
二审法院合议庭成员 咸胜强 赵 博 刘震岩
编写人 天津市高级人民法院 刘震岩 董声洋
责任编辑 宋建宝
审稿人 王 闯）

海事海商

永安财产保险股份有限公司泰州中心支公司与泰州市长鑫运输有限公司通海水域保险合同纠纷案

——对于保险责任条款和除外责任条款之间关系的解释

关键词：保险责任条款 除外责任条款 免责抗辩事由

【裁判要旨】

保险责任条款主要约定保险人负责赔偿的风险项目，除外责任条款则用于明确保险人不承担保险赔偿责任的风险项目。两类条款从不同角度对承保风险的范围进行明确约定。在被保险人举证证明发生了保险责任条款约定的事故时，保险人仍有权依据除外责任条款的约定主张免责。

【相关法条】

《中华人民共和国海商法》第二百一十六条 海上保险合同，是指保险人按照约定，对被保险人遭受保险事故造成保险标的的损失和产生的责任负责赔偿，而由被保险人支付保险费的合同。

前款所称保险事故，是指保险人与被保险人约定的任何海上事故，包括与海上航行有关的发生于内河或者陆上的事故。

第二百一十七条 海上保险合同的内容，主要包括下列各项：

（一）保险人名称；

（二）被保险人名称；
（三）保险标的；
（四）保险价值；
（五）保险金额；
（六）保险责任和除外责任；
（七）保险期间；
（八）保险费。

【案件索引】

一审：武汉海事法院（2015）武海法商字第00447号（2015年7月6日）
二审：湖北省高级人民法院（2016）鄂民终488号（2016年6月13日）
再审：最高人民法院（2017）最高法民再269号（2017年12月26日）

【基本案情】

2013年5月31日，泰州市长鑫运输有限公司（以下简称长鑫公司）为其所属的“长鑫顺888”轮向永安财产保险股份有限公司泰州中心支公司（以下简称永安保险）投保水路货物运输承运人责任险，投保单记载投保人和被保险人均为长鑫公司，特别约定栏记载：“1. 本保险单每次赔偿限额为70万元，全年累计赔偿70万元，每次绝对免赔额为3万元，免赔率为10%，两者以高者为准；2. 本保险单承保‘长鑫顺888’轮的水路货物承运人责任险；3. 本保险单适用后附条款：永安保险（备案）[2009] N45号水路货物运输承运人责任保险条款。”投保单投保人声明栏记载：“上述所填内容属实。保险人已将《水路货物承运人责任保险条款》内容，特别是对保险责任、责任免除及被保险人义务向投保人作了明确告知，投保人对此已经明白并且理解无误，且同意以此为依据与贵公司签署保险合同。”长鑫公司在投保人声明栏签章。

2013年5月31日，永安保险出具编号为苏0000142的保险单，载明险种为水路货物运输承运人责任险，船舶名称为“长鑫顺888”轮，保险期间从2013年6月2日0时起至2014年6月1日24时止。该保险单背面所附《永安财产保险股份有限公司水路货物运输承运人责任保险条款》（以下简称《保险条款》）第三条约定：“在本保险期间内，使用保险单载明的船舶从事水路运输业务时，因下列事故，造成其所载的货物损毁、灭失（以下称‘损失’），依照中华人民共和国法律（不包括港、澳、台地区法律）应由被保险人承担的经济赔偿责任，保险人按照本保险合同约定负责赔偿：（一）火灾、爆炸；（二）船舶触礁、搁浅、倾覆、沉没、失踪；（三）碰撞、挤压导致包装破裂或是容器损坏。”该《保险条款》第六条约定：“下列原因造成的损失、费用和责任，保险人不负责赔偿：……（三）雷击、台风、大风、暴雨、洪水、冰雹、崖崩、泥石流、地震、海啸等自然灾害……”该《保险条款》还对其他事项作出了约定。

2013年6月20日，“长鑫顺888”轮从广西企沙港装载煤炭950吨开往海南八所港。同年6月21日12:15时该轮抵达八所港1#锚地附近水域抛锚待泊。当日18时，该轮船长收到中华人民共和国八所海事局（以下简称八所海事局）通过VHF转发的预警信息、择地避风的建议后，当即向船东请求将该轮开往洋浦港避风，但船东认为风暴对八所影响不大，未同意船长请求。同年6月22日上午，该轮船长再次收到八所海事局转发的气象预警信息，预报风暴中心最大风力将达到8级，遂再次向船东建议到洋浦港避风，但船东仍坚持在八所港海域抛锚防台。该轮船长遂将船舶移泊至八所港1#锚地东北附近海域，抛双锚4节下水进行防台，锚泊海域水深6~7米，并指示船员加强值班，检查绑扎情况。

2013年6月22日10:30时许，该轮发现在八所港附近海域防台的其他船舶相继起锚向北航行，遂决定起锚开往洋浦，但当该轮刚起完锚准备开航时，却发现其他船舶在八所四更沙附近海域返航，见此情形，该轮又重新在八所港1#锚地东北面附近海域抛锚。同年6月23日约01:30时，该轮船长对防台工作再次进行部署，安排各个岗位加强值班。当日02:30时许，船长通过电子海图发现该轮走锚，便通知机舱备车，并安排两名水手去船头查看锚链情况。水手发现锚链紧绷，遂立即向大副汇报，大副指示轮机员开车顶风抗台。抗台期间，该轮一直处于走锚状态，并逐渐进入浅水区。在风浪的作用下，该轮船艏向西北方向偏转，用车已无效果，大量海水涌入机舱及船员生活区，最终坐底沉没，船载货物全损。

2014年11月10日，涉案货物保险人中国太平洋财产保险股份有限公司防城港中心支公司（以下简称太平洋财保防城港公司）在向货物权利人支付保险赔款76万元后，向海口海事法院提起诉讼，请求判令长鑫公司及永安保险连带赔偿其支付的保险赔款76万元及相应利息。同年12月16日，经海口海事法院主持调解，长鑫公司与太平洋财保防城港公司达成和解协议，约定由长鑫公司向太平洋财保防城港公司支付44万元，“包括但不限于诉讼费、保全费、律师费、公估费、差旅费等”，作为该案全部及最终解决方案。海口海事法院据此于同年12月18日出具（2014）琼海法商初字第137号民事调解书，对上述和解协议予以确认。同年12月29日，长鑫公司向太平洋财保防城港公司支付了44万元。太平洋财保防城港公司于12月31日向长鑫公司出具了收据。

另查明：八所海事局2013年12月23日就涉案事故作出MAIR110400201302号《八所“6·23”“长鑫顺888”轮沉没事故调查报告》，分析事故原因为：（1）防台措施不当，没有根据本船防风等级低、满载的实际情况采取合理措施防台。台风来临前期，该船对台风的危害性估计不足，加之考虑经济利益错过了择地防台的最佳时机。22日，该轮准备起锚开往洋浦但受风浪的影响，无法继续北上。最终选择在八所附近水深6米左右的水域抛锚四节进行防台。当大风浪影响时，船舶走锚进入浅水区，船舶蹾底，导致事故的发生。（2）舱盖脱落导致机舱、货舱进水。由于该船是满载，干舷高度较低，在大风浪的影响下，该船甲板严重上浪，同时海水通过生活区风雨密门、橱窗和部分舷窗涌入生活区，并迅速流入机舱。此外，在风浪的持续影响下，该轮的部分舱盖板相继脱落，大量海水迅速进入货舱，最终导致该轮沉没。（3）恶劣的气象海况是事故的客观原因……热带风暴“贝碧嘉”影响期间，八所港附近海域涌浪较大，最大风力8~9级，阵风10级，海域浪高达4~5米，在大风、浪的持续影响下，该轮发生走锚甲板严重上浪。在本次防台中，与“长鑫顺888”轮相同船型的“金马788”轮也发生走锚沉没。

【裁判结果】

武汉海事法院于2015年7月6日作出（2015）武海法商字第00447号民事判决：永安保险向长鑫公司支付保险金396000元及利息。宣判后，永安保险向湖北省高级人民法院提起上诉。

湖北省高级人民法院于2016年6月13日作出（2016）鄂民终488号民事判决：驳回上诉，维持原判。永安保险不服二审判决，向最高人民法院申请再审。

最高人民法院于2017年12月26日作出（2017）最高法民再269号民事判决：一、撤销湖北省高级人民法院（2016）鄂民终488号民事判决、武汉海事法院（2015）武海法商字第00447号民事判决；二、驳回泰州市长鑫公司的诉讼请求。

【裁判理由】

法院生效裁判认为：根据涉案保险单的记载，“长鑫顺888”轮航行区域为沿海，涉案保险合同属于《海商法》第二百一十六条规定的海上保险合同。涉案保险条款第三条约定了保险人承担保险责任的范围，第六条约定了保险人不承担保险责任的除外情形，分别属于《海商法》第二百一十七条第六项规定的“保险责任和除外责任”，二者都是海上保险实务中常见的合同条款。保险责任条款主要约定保险人负责赔偿的风险项目，除外责任条款则用于明确保险人不承担保险赔偿责任的风险项目。两类条款从正反两个角度对承保风险的范围进行明确约定。在被保险人举证证明发生了保险责任条款约定的事故时，保险人仍有权依据除外责任条款的约定主张免责，只是需要对其主张的免责事实承担举证责任。根据涉案保险条款第六条第（三）项的约定，因台风自然灾害造成的损失、费用和责任，保险人不负责赔偿。该项除外责任条款的约定是明确的，只要保险人举证证明损失是由于台风造成的，即可免于承担保险责任，不存在两种以上的解释。

长鑫公司因船舶在台风中沉没而遭受损失，永安保险主张事故是由于台风造成的，属于保险条款第六条第（三）项规定的不予赔偿的情形。正确处理本案的关键是准确分析长鑫公司遭受损失的原因究竟是船舶沉没还是台风。永安保险提交的《八所“6·23”“长鑫顺888”轮沉没事故调查报告》证明，“长鑫顺888”轮在防台期间，因风浪的持续影响，发生走锚，舱盖板脱落，大量海水进入货舱，最终导致沉没，可以证明“长鑫顺888”轮涉案事故是由于台风造成的。长鑫公司主张事故是由于船艉部搁浅导致船体倾斜及沉没，并非台风直接导致，但又称是由于巨浪致使船舶艉部搁浅，也印证了船舶在台风的作用下搁浅、沉没，进而造成货物受损的事实。因台风属于涉案保险条款第六条第（三）项约定的保险人不负责赔偿的风险，永安保险关于其不应承担保险赔偿的主张，符合合同约定，应予支持。

永安保险还以长鑫公司存在重大过失为由主张免除保险赔偿责任。涉案保险条款未对重大过失的判断标准作出明确规定，海上风险随时发生变化，防台避台措施的合理性也没有固定、统一的判断标准，不应对被保险人过于苛责。“长鑫顺888”轮船东决定在船舶目的港原地抗台，也采取了一系列积极的抗台措施。永安保险以船东未择地避台为由，主张长鑫公司存在重大过失，事实依据不足。

【案例注解】

保险合同在约定保险责任条款的同时，还会约定除外责任条款（保险法称免责条款）。这是目前保险业的通行做法，保险市场上常见的保险合同都同时存在这两类条款。保险责任条款约定被保险人可以请求保险人承担保险赔偿责任的事故范围，而除外责任条款则约定保险人可以主张免予赔偿的事由，二者从不同角度明确保险人应当承担的风险范围。被保险人证明发生了保险责任条款约定的事故后，保险人只要举证证明事故是由除外责任条款约定事由引起的，仍可依据除外责任条款主张免除保险赔偿责任。但一些法院对二者的关系产生了错误认识，在案件事实同时符合保险责任条款与除外责任条款的约定时，不去判断除外事由是否是造成损失的根本原因，而是适用不利解释原则，否定除外责任条款的约束力。此种观点似是而非，不符合法律规定，如不及时纠正将极大地冲击保险市场秩序。

一、保险合同解释的含义及原因

保险合同的解释，是指在保险合同履行过程中，针对因保险合同条款文字表述不清、内容模棱两可以及双方当事人的不同理解而产生的分歧，人民法院或者仲裁机构对发生争议的合同条款阐明其真实含义的法律行为。① 保险合同作为合同的一种，其内容约定的是双方当事人之间的权利义务，当事人在订立合同之时预想了可能发生的情况和存在的风险，并以明确、清晰的语言进行了表达。但事实往往是，由于各种原因，当事人订立的合同存在很多分歧和漏洞，真正完全没有歧义的合同反而较为少见，因此有必要对保险合同进行解释。

1. 语言文字表达的局限性是主要原因。鉴于保险合同的条文主要用文字来表达，而文字又难免会产生多种含义，而且订立保险合同的当事人不可能对未来将要发生的所有情况作出准确的预见，合同条文的用语又具有一定的抽象概括性，这就决定了合同的约定不可能绝对明确，而只能是相对明确，给后期履行合同的人留有一定的解释空间。再加之人们的认识结构、个人经验和利益不同，对同一语句往往有目的或无目的地持不同见解，更加增大了产生分歧的可能性。

---

① 王雨静：《保险合同法律问题研究》，中国政法大学出版社2014年版，第105页。

2. 情势变更亦是重要原因。保险行业是一个与时俱进的行业，经济生活的细微变化都会对其产生影响。除了传统的保险业务外，大量符合经济发展和公众需要的新类型险种层出不穷。虽然保险公司在制定合同之初努力使合同的内容涵盖其所能预见到的将来可能发生的所有风险，并对之进行合理分配，但是却终究难以囊括所有未来将会发生的情况，情势的变化总会超出人们的想象，当发生了合同中没有约定的情况时，就需要对保险合同进行解释，以探求当事人在订立合同时的真实意思。

3. 格式合同本身的局限性。格式合同都是经过熟悉本行业业务的专家详细论证、仔细斟酌制定而成，并经提供方反复使用，尤其是保险、海上货物运输等行业的格式合同已历经数百年并逐步完善至今。可以说，格式合同能较科学地预见相关业务中可能出现的种种问题和风险并作出合理安排，从而大大减少合同纠纷的发生。但同时也要看到，保险公司作为营利性组织，通常也会使用含混不清的词语制定保险合同条款，或在格式合同中任意扩大不可抗力的免责条件，以开脱自己的责任。

二、保险合同解释的方法

《合同法》第一百二十五条规定："当事人对合同条款的理解有争议的，应当按照合同所使用的词句、合同的有关条款、合同的目的、交易习惯以及诚实信用原则，确定该条款的真实意思。合同文本采用两种以上文字订立并约定具有同等效力的，对各文本使用的词句推定具有相同含义。各文本使用的词句不一致的，应当根据合同的目的予以解释。"该条规定确定了对合同，也是对保险合同进行解释的一般方法。

（一）保险合同解释的一般方法

根据《合同法》的上述规定，保险合同解释的一般方法有以下五种：

1. 文义解释方法

文义解释方法是指按照保险合同条款通常的文字意义并结合前后内容对保险合同条款进行解释的方法。文义解释方法是对合同争议条款进行解释的首要选择，在运用该方法解释具体合同时应注意以下几点：首先，对于保险合同中日常用语的解释，应根据该用语的通常意思进行。通常意思是指自然的、通俗的，具有一般常识意义的解释，即依据一个正常智力水平及平均知识水准的人的理解进行解释。其次，对于保险合同中被赋予了特殊含义的普通术语的解释，要具体分析保险合同条款对于该普通术语赋予的特殊含义，如果抛开该特殊含义不顾，超越限定意义进行解释，则有悖于当事人的真实意思。再次，对于保险合同中专业术语的解释，要按照其专业意义上的通常用法进行确定。鉴于保险合同具有专业性较强的特征，其合同条款中往往包含大量的专业技术用语，必须要依赖一些专业性的规定进行解释。最后，对于投保人或保险人通过批注、附加或特别约定的条款，如果与合同本身格式条款的规定有冲突的，则以非格式条款为准进行解释。

2. 整体解释方法

整体解释方法是指将全部合同的所有条款作为一个整体，根据各个条款之间的联系，尤其是争议条款与整个合同之间的关系，以及争议条款在整个合同中的地位，对争议条款进行解释的方法。在运用整体解释的方法对合同进行解释时，应注意以下几点：首先，应将合同的所有条款以及相关附件材料等放在一起进行综合考虑，以准确理解合同条款的真实含义。其次，应将争议条款置于合同的整体之中进行解释，避免割裂地、孤立地、断章取义地理解争议条款，应通过对合同的整体内容进行考察来探求当事人的真实意图。最后，在解释的过程中不能局限于争议条款的字面含义，应当综合分析合同的订立过程以及当事人的整个履约过程等相关因素。

3. 目的解释方法

目的解释方法是指在当事人对保险合同条款的理解产生分歧时，应当还原引发争议合同条款的真实意思，探究保险合同双方当事人在订立合同条款之初时所希望达到的目的。在运用目的解释的方法对合同进行解释时，应注意以下几点：首先，应当考虑当事人双方共同的目的，而非仅考虑一方当事人的目的。如果难以确定双方当事人共同的缔约目的，则应当从一方当事人表现于外部的并能够为对方当事人所合理理解的目的来解释合同条款。其次，目的解释可以与文义解释、整体解释和习惯解释等其他解释方法结合在一起运用以相互验证。最后，当出现合同未明确约定的争议时，可以运用目的解释方法来确定当事人没有具体约定的条款，以期符合当事人的真实意思和合同利益。

4. 习惯解释方法

习惯解释方法是指根据人们在社会生活中形成的交易惯例或习惯对于争议条款进行解释的方法。交易习惯分为一般交易习惯、地区交易习惯、行业交易习惯以及特定当事人之间的交易惯例。在运用习惯解释的方法对合同进行解释时，应注意以下几点：首先，交易习惯具有现时性，合同纠纷发生前废止不用的或者纠纷发生后才形成的习惯都不能作为解释的依据，只能以合同纠纷发生时存在并适用的习惯为准。其次，习惯具有地域性，不能将某一地域的习惯用于解释超出该地域范围的争议。再次，习惯具有行业性，不同的行业具有不同的习惯，在解释时不能混淆。最后，交易习惯具有合法性，违反法律法规及公序良俗的习惯不能成为合同解释的依据。

5. 诚实信用解释方法

诚实信用解释方法是指在顾全保护一般利益的前提下，根据当事人应该知道的特殊情况事实来调和其中一方对另一方正当期待的利益，使合同争议得到公允解决的解释方法。诚实信用解释方法具有统领和验证各种解释方法的作用，既具有道德性质，又具有法律性质。在运用诚实信用解释方法对合同进行解释时，应注意以下几点：首先，在当事人对保险合同条款的理解产生争议时，应当以一个诚实守信的人所普遍理解的含义来解释合同，以此平衡当事人双方的利益，公平合理地确定合同内容。其次，诚实信用解释方法可以作为填补合同漏洞的解释方法，如果当事人在合同中缺乏对某项争议的约定，应当考虑作为一个诚实守信的人，在此情况下应当如何履行以填补漏洞。

（二）保险合同解释的特殊方法——利于被保险人和受益人解释方法

1. 利于被保险人和受益人解释方法的含义

《保险法》第三十条规定："采用保险人提供的格式条款订立的保险合同，保险人与投保人、被保险人或者受益人对合同条款有争议的，应当按照通常理解予以解释。对合同条款有两种以上解释的，人民法院或者仲裁机构应当作出有利于被保险人和受益人的解释。"该条规定了我国针对保险合同的利于被保险人和受益人解释方法。该解释方法最早来源于古罗马的一句谚语："有疑义应为表意人不利益之解释。"因为"内容含混或书写不清的简约不利于卖方和贷方，因为他们在起草简约时本该书写得更清楚"。①

2. 利于被保险人和受益人解释方法的适用前提

利于被保险人和受益人解释方法的前提是保险人与投保人、被保险人或受益人对合同条款有争议，且对合同条款有两种以上解释。（1）保险合同条款含义不清。所谓含义不清，是指"一个词语具有两个以上完全不同的含义，以至于在同一时间，对这一词语的理解既有可能是正确的也有可能是不正确的"。② 如果对于合同条款的争议仅发生在合同的当事人之间，他们可能是为了自身的利益，采取有利于自身的解释结论，而在普遍读者看来，对于合同条款及文字的理解不能得出合同当事人所理解的含义，亦不存在模糊不清的理解，则不属于保险合同条款含义不清的情况。（2）所谓通常理解，是指既不

① ［意］桑德罗·斯奇巴奇：《民法大全选译》，丁玫译，中国政法大学出版社1992年版，第17页。

② W. Quine, Word and Object, 1960, p. 85.

采纳保险人的理解，也不采纳投保人、被保险人、受益人的理解，而是按照一般人的理解来解释。①（3）一般合同解释方法已经用尽。利于被保险人和受益人解释方法仅仅是为各种解释方法所得之结论提供一种法律上的价值判断，它并不能取代合同解释的一般方法。仅仅依靠利于被保险人和受益人解释方法，是无法解释保险合同的。并且利于被保险人和受益人解释方法不具有绝对性，不能排除一般解释方法的适用，而对保险合同作不利于保险人的任意解释。

3. 适用利于被保险人和受益人解释方法的注意事项

在运用利于被保险人和受益人解释方法对合同进行解释时，应注意以下几点：首先，不能不当扩大该规则的适用范围，跳出保险合同解释范围，将其用于保险合同纠纷的全部事项。引起保险合同纠纷的原因有很多，如果将该解释方法适用于所有情形，则会将保险人置于极其不利的法律地位，人为地在当事人之间制造不平等。其次，该解释方法仅适用于保险人起草的格式条款，而不适用于特约条款和法定条款。最后，应符合该解释方法的立法目的。应在采用一般解释方法不能解决当事人之间的争议时才适用该解释方法，同时还应当考虑当事人之间的地位在实质上是否具有对等性和平等性，以及投保人在保险合同订立过程中的作用力等相关因素。

三、对于除外责任条款的理解

（一）除外责任条款的含义

除外责任条款，在保险法上又被称为免责条款，指保险人在保险单规定的保险人无须对发生事故造成的损失给予赔偿、给付保险金或承担某项责任的条款。② 除外责任条款基于合同自由理论产生，其意义在于体现合同意思自治，降低保险交易风险，平衡双方利益。除外责任条款通常有两种，一种是约定对于保险责任之中的部分责任予以免除，此类被免除的责任，本身属于保险责任范围，但保险人通过责任免除条款将其从保险责任之中予以剔除，即缩小了保险责任范围。例如，本案中保险合同约定对于船舶沉没造成的损失，保险人应当赔偿，但又约定对于台风造成的损失，保险人不负责赔偿。那么，对于由于台风引起的船舶沉没造成的损失，就属于责任免除范围。另一种是对于某些责任予以特别澄清，即被免除的责任本身就不属于保险责任范围，为了防止投保

---

① 袁杰：《〈中华人民共和国保险法〉释义及实用指南》，中国民主法制出版社2009年版，第145页。

② 张海棠：《保险合同纠纷》，法律出版社2015年版，第131页。

人、被保险人、受益人产生误会，保险人特意将之列入责任免除条款内予以解释、说明。例如，意外伤害险种中，责任免除条款内往往载明被保险人自杀的，保险人不承担赔偿责任，因为意外伤害险承保的是意外伤害对被保险人造成的损失，自杀本来就不是意外伤害，但为了防止因误解产生争议，保险人将之明确纳入除外责任条款。

（二）除外责任条款的范围

《最高人民法院关于适用〈中华人民共和国保险法〉若干问题的解释（二）》〔以下简称《保险法司法解释（二）》〕第九条第一款规定："保险人提供的格式合同文本中的责任免除条款、免赔额、免赔率、比例赔付或者给付等免除或者减轻保险人责任的条款，可以认定为保险法第十七条第二款规定的'免除保险人责任的条款'。"该条规定明确了除外责任条款的范围，即除外责任条款不仅包含保险合同中的责任免除或除外责任部分的条款，还应包括有关免赔额、免赔率、比例赔付等部分有争议的条款，但部分条款也应排除在外。

首先，法定免责条款不属于除外责任条款。法律、法规中的有些条文明确规定了保险人不承担或减轻承担保险责任的情况，由于对于这些责任免除情况，当事人既不能通过合同约定加以排除，也不能加以限制，其始终具有法律效力，与当事人是否约定无关。即使当事人将其订立在合同中，也是对法律法规的重复，因此该类条款本质上属于法定免责条款，而非除外责任条款。

其次，合同解除条款不属于除外责任条款。《保险法司法解释（二）》第九条第二款规定："保险人因投保人、被保险人违反法定或者约定义务，享有解除合同权利的条款，不属于保险法第十七条第二款规定的'免除保险人责任的条款'。"即保险人在投保人、被保险人违反法定或约定义务时，享有解除合同的权利。虽然此类条款也可能导致保险人不承担赔偿或者给付保险金的责任，但与除外责任条款不同，该结果是保险人解除保险合同的法律后果，而不是直接免除保险人的保险责任。合同解除条款的制定目的是，在一方违约的情况下，另一方主动选择退出合同的权利，以最大限度地保障自身权益。

（三）除外责任条款的说明义务

由于投保人不熟悉保险人制定的保险条款，保险人负有向投保人解释说明保险条款特别是除外责任条款的义务。《保险法》第十七条明确规定："订立保险合同，采用保险人提供的格式条款的，保险人向投保人提供的投保单应当附格式条款，保险人应当向投保人说明合同的内容。对保险合同中免除保险人责任的条款，保险人在订立合同时应当在投保单、保险单或者其他保险凭证上作出足以引起投保人注意的提示，并对该条款的内容以书面或者口头形式向投保人作出明确说明；未作提示或者明确说明的，该条款不产生效力。”《保险法司法解释（二）》第十条规定：“保险人将法律、行政法规中的禁止性规定情形作为保险合同免责条款的免责事由，保险人对该条款作出提示后，投保人、被保险人或者受益人以保险人未履行明确说明义务为由主张该条款不生效的，人民法院不予支持。”根据上述规定，保险合同中涉及免除保险人责任的格式条款的，保险人应当履行明确说明义务，但对于包含了法定不承担责任条款、保证条款，即使保险人在订立合同时未就此与投保人进行协商，保险人亦不负有明确说明义务。但对于法律、行政法规中的禁止性规定条款，保险人仍需尽提示义务，因为禁止性规定不同于法定免责条款，行为人违反法律规定的法律后果是承担相应的行政或刑事责任。如果保险人未将禁止性规定作为免责事由向投保人进行提示，投保人即使知道其行为为法律、行政法规所禁止，也无从知悉其行为会导致保险人免责。

由于保险合同双方缔约能力的悬殊性，当事人在交易中往往不能详尽、周全地约定各自的权利义务，纠纷的发生也就因此不可避免。随着保险合同纠纷案件数量的增长，该类纠纷也越来越受到公众的关注。人民法院在审理该类案件时应力争完整、正确解释合同条款，准确适用除外责任条款，以公平保护投保人和保险人的合同预期利益。

（**一审法院独任审判员** 吴 昊
二审法院合议庭成员 万海莉 胡正伟 曾 诚
再审法院合议庭成员 任雪峰 余晓汉 黄西武
编写人 最高人民法院 张 梅
责任编辑 黄西武
审稿人 王淑梅）

无锡松大重工机械有限公司诉上海港南机电设备（集团）有限公司港口作业合同纠纷案

——预期违约项下守约方救济措施选择问题分析

关键词：预期违约　救济途径　措施选择　责任承担

【裁判要旨】

在合同履行期限到来前，一方存在预期违约的情况下，法律赋予守约方救济措施的选择权，当守约方选择继续履行合同，而违约方并未出现新的预期违约事实之时，守约方无权改变救济措施的方式，否则其应承担由此而产生的违约责任。

【相关法条】

《中华人民共和国合同法》第九十四条　有下列情形之一的，当事人可以解除合同：

（一）因不可抗力致使不能实现合同目的；

（二）在履行期限届满之前，当事人一方明确表示或者以自己的行为表明不履行主要债务；

（三）当事人一方迟延履行主要债务，经催告后在合理期限内仍未履行；

（四）当事人一方迟延履行债务或者有其他违约行为致使不能实现合同目的；

（五）法律规定的其他情形。

第一百零八条　当事人一方明确表示或者以自己的行为表示不履行合同义务的，对方可以在履行期限届满之前要求其承担违约责任。

【案件索引】

一审：天津海事法院（2014）津海法商初字第854号（2015年4月8日）。

二审：天津市高级人民法院（2015）津高民四终字第76号（2015年8月5日）。

再审：最高人民法院（2016）最高法民申3069号（2016年12月29日）

【基本案情】

无锡松大重工机械有限公司（以下简称松大公司）本诉称：双方于2013年12月底签订《2台岸桥起重机整机平移装船、绑扎、加固工程合同》（以下简称装船作业合同），约定由上海港南机电设备（集团）有限公司（以下简称港南公司）对位于天津港第二港埠有限公司的2台岸桥起重机整机进行装船作业。合同签订后，松大公司支付了30万元预付款。港南公司未与松大公司作任何协商的情况下，擅自于2014年1月10日发函解除上述合同，致使松大公司遭受80万元经济损失。请求判令：港南公司赔偿合同差价损失80万元及该款项自起诉之日起按银行同期贷款利率计算的利息。

港南公司辩称：松大公司告知运输船舶会迟延到港，港南公司催促松大公司明确船舶到港时间，但未被告知。在此情况下，港南公司通过电子邮件告知松大公司解除合同，松大公司未予同意，港南公司遂发函同意继续履行合同。松大公司未保证船舶按时到港，存在违约行为，对损失数额亦不认可，不应由港南公司承担违约责任。

港南公司反诉称：合同签订后，港南公司按照约定完成了施工方案及图纸。由于松大公司一直无法告知其租用船舶到达天津港的具体时间，导致合同无法正常履行。请求判令：松大公司赔偿港南公司设备租赁费、材料费等损失350800元。

松大公司辩称：双方合同自港南公司单方发出解除通知时已经解除，并且已返还松大公司合同预付款，松大公司无奈之下另行签订合同，不存在违约行为，且港南公司反诉中所提及的损失并未实际发生。

法院经审理查明：2013年12月27日，松大公司与港南公司签订装船作业合同，约定由港南公司对位于天津港第二港埠有限公司的2台岸桥起重机整机进行装船作业；港南公司施工前需提供滑移的详细方案和绑扎、加固施工图供松大公司审核通过后方可施工。合同还约定，运输船到达天津港的时间为2014年1月13日至1月18日；合同价款为100万元，涉及与上船、绑扎及加固有关的任何事宜及费用均包含在合同总价中，不再产生任何其他费用，如发生额外费用则由港南公司自行承担。同年12月28日，双方签订补充协议，增加钢梁制作费及滑移设备保险费316000元。松大公司向港南公司支付作业预付款30万元。

2013年12月30日，松大公司告知港南公司船舶在海上遇到风浪，可能将推迟到达天津港的时间，并督促港南公司做好作业准备。12月31日，港南公司向松大公司提交了上船工艺及绑扎方案。2014年1月1日，松大公司提出修改意见。1月3日，港南公司提交修改后的方案。1月4日，松大公司再次提出修改意见。港南公司提交的上船工艺及绑扎方案最终未得到松大公司审核通过。1月6、7日，港南公司询问船舶靠港的准确时间，松大公司回复运输船舶航行情况但未明确具体到港时间。1月10日，港南公司发函解除上述合同，函件记载港南公司催促松大公司确定船舶具体到港时间，松大公司未回复，结合春节临近，施工时间紧张，决定将松大公司支付的预付款30万元退回，并明确告知正式解除合同，希望松大公司重新委托其他施工方进行施工。1月11日，松大公司回函称，其已按合同约定支付预付款，运输船舶也已按原定计划驶往天津港，要求港南公司继续履行原工程合同，否则追究港南公司的违约责任。1月13日，松大公司收到港南公司退回的预付款。1月16日，松大公司与案外人上海世博港机设备安装工程有限公司（以下简称世博公司）就涉案装船作业另行签订合同，合同价款180万元，但未将该情况告知港南公司。同日，港南公司发函告知松大公司同意继续履行合同，该函件于1月17日到达松大公司。松大公司按照合同约定实际向世博公司支付合同价款共计180万元。

涉案装船作业合同约定，施工周期为14个工作日，前期准备工作为8个工作日，装船绑扎加固为6个工作日，如遇不可抗力自然因素（经双方确定或国家相关法规规定需停止室外工程的情况），施工期相应延迟。2014年1月6日，港南公司询问松大公司船舶到港的时间，松大公司依据船东所发邮件告知船舶预期到港时间为1月19日。港南公司1月10日向松大公司发送解除函决定退还预付款30万元，并于同日将该30万元通过网上银行转账方式退还松大公司。1月16日，港南公司通过电子邮件方式，告知松大公司同意继续履行合同。同日松大公司与案外人世博公司所签订的作业合同中约定船舶到达天津港的时间为2月10日到2月13日。

【裁判结果】

天津海事法院于2015年4月8日作出（2014）津海法商初字第854号民事判决：一、港南公司于判决生效之日起10日内给付松大公司合同差价损失484000元；二、港南公司给付松大公司上述款额的利息；三、驳回松大公司的其他本诉请求；四、驳回港南公司的全部反诉请求。宣判后，港南公司向天津市高级人民法院提起上诉。天津市高级人民法院于2015年8月5日作出（2015）津高民四终字第76号民事判决：一、撤销天津海事法院（2014）津海法商初字第854号民事判决第一项、第二项；二、维持天津海事法院（2014）津海法商初字第854号民事判决第三项、第四项；三、驳回松大公司的诉讼请求。判决生效后，松大公司向最高人民法院申请再审。最高人民法院于2016年12月29日作出（2016）最高法民申3069号民事裁定：驳回松大公司的再审申请。

【裁判理由】

法院生效裁判认为：本案争议焦点为：（1）松大公司与港南公司在履行涉案合同过程中是否存在违约行为；（2）双方所主张的损失是否应该得到支持。

一、双方在履行涉案装船作业合同过程中是否存在违约行为

首先，涉案装船作业所需运输船舶应由松大公司提供，依据装船作业合同的约定，运输船舶到达天津港的时间为2014年1月13日至1月18日。2013年12月30日，松大公司告知港南公司运输船舶在海上遇到风浪，可能将推迟到港时间。因施工周期临近春节，港南公司于2014年1月6日询问船舶到港时间，松大公司并未明确回复，仅依据船东所发邮件告知船舶预期到港时间为同年1月19日，该时间已超过双方合同约定的船舶到港期限。结合松大公司于1月16日与案外人世博公司签订装船作业合同时，约定船舶到港时间为2月10日至2月13日的事实，能够证明松大公司不能按照双方合同约定的时间提供运输船舶，构成违约。

其次，港南公司2014年1月10日提出解除涉案合同，根据《合同法》第一百零八条的规定，因港南公司提出单方解除合同的行为发生于履行期到来之

前，双方合同中并无单方解除合同的约定，且港南公司此时亦不享有法定解除合同的权利，故港南公司的上述行为构成预期违约。对于松大公司而言，其可以选择立即解除合同并要求损失赔偿，但其于次日明确表示不同意港南公司解除合同的主张，要求港南公司继续履行合同义务，双方未就合同解除问题达成一致，仍应继续按照原合同约定全面履行各自义务。

2014年1月13日，松大公司虽收到港南公司退还的预付款30万元，但港南公司于1月10日发出的解除函中已经明确决定将该款项退还，松大公司收到该解除函时应预见到30万元预付款将被退还，且该款项的实际汇出时间亦为1月10日。故松大公司收到30万元预付款系港南公司1月10日要求解除合同行为的延续，而非新的违约事实。另一方面，港南公司在收到松大公司要求其继续履行合同的回函后，和案外人签订了与该作业相关的合同，并于1月16日向松大公司回函表示同意继续履行涉案合同。港南公司的上述行为表明其于合同履行期到来之前积极履行相关准备工作。

综上，虽然港南公司于1月10日要求解除合同的行为构成预期违约，但在松大公司选择要求港南公司继续履行合同之救济措施后，双方并未就合同解除问题达成一致意见，该合同应当继续履行，除非双方存在新的违约行为发生，否则双方仍应全面履行各自义务。据此，在合同履行期限未届满，松大公司不能证明港南公司存在新的违约行为发生，松大公司未与港南公司就合同解除问题进行沟通且未将准备与案外人另行签订作业合同的事实告知港南公司的情况下，1月16日自行与世博公司另行签订装船作业合同，其行为致使原合同不能继续履行，构成根本违约，应承担违约责任。

二、双方所主张的损失是否应该得到支持

关于松大公司主张的损失问题。松大公司与世博公司签订作业合同，约定合同金额为180万元，松大公司已按合同约定实际支付了上述款项。现松大公司主张增加的作业费用应由港南公司承担，但松大公司作业费用的增加系由于其自行与案外人世博公司签订作业合同所产生，而松大公司系在原合同继续有效的情况下签订上述合同，因此，松大公司与世博公司签订替代性合同所增加的费用应由其自行承担。

关于港南公司主张的损失问题。港南公司就其主张的损失，仅提供与案外人签订的合同及收款收据。对此，法院认为，港南公司与案外人签订合同仅初步证明其存在履约的准备，而费用的支付以现金和收据的方式不符合财税制度，不能证明损失的实际发生。此外，港南公司主张的设计费用，因不能证明

设计方案最终通过松大公司的审核，且港南公司不能说明该笔费用的计算依据及数额的合理性，不予支持。因此，港南公司所主张的损失因未提供有效证据予以证明，法院不予支持。

【案例注解】

预期违约又称先期违约，起源于英国1846年法院审理的Hochster V. DeLa Tour案，是指合同成立后，履行期限届满之前，当事人一方明确表示不履行合同或预期不能履行合同。[①] 预期违约制度的创立，旨在解决合同生效以后履行期限届满之前，当事人履行合同内容上发生的变故，体现了合同法公平原则和诚实信用原则，对督促合同当事人依约履行合同义务，及时解决履约纠纷发挥了重要作用。

一、预期违约制度概述

我国《合同法》第一百零八条规定："当事人一方明确表示或者以自己的行为表明不履行合同义务的，对方可以在履行期限届满之前要求其承担违约责任。"该条款在充分借鉴英美法系有益经验基础上制定，将预期违约作为与实际违约相对应的一种特殊违约形态设立预期违约制度，体现出法律在债务履行期限届满前给予债权人充分而合理的保护。就预期违约制度的性质而言，主要区分于实际违约和不安抗辩权。预期违约与实际违约的不同之处在于，预期违约并非违反现实中的义务，而是合同一方当事人表示未来不履行义务，因此其侵犯的并非现实债权而是期待的债权。预期违约发生于合同履行期限到来之前，表现形式为对整个合同的毁弃，而这种毁弃可以视为一种违约的现实危险，其可能发展为实际违约，也可能由于违约人撤回毁约的意思表示而消失。预期违约与不安抗辩权的区别在于，预期违约系对于违约行为的表述，在履行义务的顺序上不存在先后之分，只要违约方主观上有违约的意愿，不论客观上对方是否存在履约困难的情形，其均可能在履行期限到来之前表示毁约。从上述概念的对比来看，预期违约制度的存在，并非纯粹法律逻辑的产物，更主要的还是针对社会实践中出现的合同履行期限到来之前各方行为的不可预测性，属于社会生活发展的产物。

我国和英美法的预期违约一样，分为明示预期违约和默示预期违约两种类

① 陈小君：《合同法学》，中国政法大学出版社2007年版，第189页。

型，也被称为明示毁约和默示毁约。其中明示预期违约是指一方当事人无正当理由，明确地向对方表示将在履行期限届满之时不履行合同义务。明示预期违约侧重于对债务人主观意愿的考察，当债务人明确肯定地向另一方当事人表明其将不履行合同的主要义务时构成明示预期拒绝履行。该表示既可以是书面的，也可以是口头的，但意思表示须是明确地、肯定地、自愿地、无条件地和不含糊地向另一方作出。[①] 构成明示预期违约需要具备以下要件：（1）必须是一方明确肯定地向对方作出毁约的意思表示；（2）毁约的意思表示必须是在合同义务到期前提出；（3）不履行合同主要义务；（4）不履行合同义务无正当理由。

二、明示预期违约之救济途径

不同于现实违约，预期违约是当事人明示或默示其未来将不履行义务。故而，预期违约发生后，守约方可以采取的救济途径不完全等同于实际违约。对于明示预期违约，英美法系赋予非违约方较大的自由来选择可用的补救措施。面对明示预期违约的发生，非违约方可以选择承认对方作出的这种明确的、绝对的将不履行合同的表示，也可以选择拒绝承认，每种选择都对应产生不同的法律后果。[②] 我国《合同法》对于预期违约的救济，同样赋予了相对方当事人选择权。就预期违约制度的救济方法而言，在明示毁约中，当事人一方明示毁约时，另一方可以根据自身的利益作出选择，既可以选择接受预期违约，在履行期届满前解除合同，请求损害赔偿；也可以不接受预期违约，置对方的提前毁约于不顾而继续保持合同的效力，以等待对方在履行期届满时履约，若对方届期仍不履约，则选择实际违约的救济措施。

当事人追究明示预期违约方的责任，主要可以采取以下救济方式：

（一）解除合同

我国《合同法》第九十四条规定："有下列情形之一的，当事人可以解除合同：（一）因不可抗力致使不能实现合同目的；（二）在履行期限届满之前，当事人一方明确表示或者以自己的行为表明不履行主要债务……"可见，预期违约的法律后果之一即为解除合同。一方当事人预期违约后，另一方当事人即享有法定解除权。法定合同解除权，是立法主体为建立有效的合同秩序而对合同本身进行的干预。当出现了法律规定的合同解除的情况致使合同不可能履

① 王红：《论预期违约的法律后果》，载《黑龙江省政法管理干部学院学报》2010年第9期。

② 李颖：《预期违约及补救措施的比较研究》，大连海事大学2010年硕士学位论文。

行或者履行合同已完全失去意义时，如果任由合同继续生效，从当事人角度讲，无疑或扩大相关当事人的损失；从社会整体利益而言，也对社会财富的增进十分不利。

当合同一方当事人以明示方式表示他将在合同履行期限届至时不履行或不能履行合同义务，对于另一方当事人来讲，其当初订立合同的目的已经落空，如果守约方认为违约方不可能撤回其预期违约的意思表示或者等待履行期限的到来主张实际违约将会使其遭受更大的损失，其可以立即要求对方在履行期到来前承担违约责任。此时，赋予守约当事人解除合同的权利，使得其脱离该合同制度的束缚，获得重新订立新合同的机会，无疑是一种公平而有效率的制度安排。将是否解除的选择权交给债权人，有利于债权人作出合理的商业判断。所以，解除合同对守约方是一种有利的救济措施。然而即便如此，仍需要注意的是，预期违约本身并不具有解除合同的效力。只有当债权人接受预期违约的既成事实，已不再准备继续维护合同效力的情况下，债权人即获得了合同的单方解除权，可以通知对方要求解除合同。①

（二）赔偿损失

如果一方当事人预期违约，另一方当事人宣告解除合同，由于预期违约的后果是造成行使解除权一方的损害，因此，享有解除权的一方在解除合同的同时还可以要求赔偿由此遭受的损失。

（三）坚持履行合同

如果受害方认为违约方可能会在履行期到来前撤回违约表示的，或者在履行期到来后寻求救济更利于维护自身合法权益的，其可以拒绝对方的明示预期违约，单方面坚持合同效力，等到履行期到来以后要求违约方继续履行合同义务或承担与实际违约相应的责任。在这种情况下，一方当事人可以置对方的预期违约于不顾，用语言、行为、甚至以沉默的方式表明其拒绝承认预期违约，使合同继续存在并约束双方当事人。通过拒绝承认预期违约，一方当事人便保有了强制对方当事人履行合同的权利，并且还保持了不经法律诉讼获得合同实际履行的可能性。

但是，相对方一旦选择了拒绝承认预期违约，就不能在履行期到来之前要求债务人赔偿损害，或者解除合同，而必须等到合同履行期到来之后，请求债

---

① 李国光：《合同法释解与适用》，新华出版社1999年版，第369页。

务人继续履行合同或者根据实际违约的损害而要求对方赔偿损失。[①] 而且，此时，双方合同效力不受影响，守约方仍须进行履约准备行为，否则，一旦另一方于履行期限届满时履行了其债务，原守约方反而构成违约。

三、本案违约责任之承担

本案中，港南公司与松大公司之间的装船作业合同尚未到履行期限，港南公司即以发送解除函并明确表示要退还定金的方式要求解除合同，此时港南公司因违反了“不危害给付实现的不作为义务”，构成明示预期违约。但此时港南公司仅是主观愿望和意思表示合同履行期限届满后不履行合同义务，并非违反现实中的义务，其侵犯的也非现实债权而是期待的债权。在履行期尚未到来之时，港南公司所作出的拒绝履行的行为表示，并不使其因此丧失期限利益而使其债务等同于已经到期，相反，债务仍然没有到期，港南公司应当承担的是预期违约责任而非实际违约责任。至于承担责任的具体形式，则取决于松大公司对救济措施的选择，以及此后合同双方的履约行为。

松大公司在收到港南公司发送的解除函后，以回函的方式明确要求港南公司继续履行合同。该行为表明，松大公司在依法享有解除权的情况下，放弃了解除权的行使，而是选择要求港南公司继续履行装船作业合同。松大公司上述救济措施的选择，对于港南公司的预期违约行为而言，因港南公司并无单方解除合同的权利，且松大公司并未行使解除权，此时双方之间的装船作业合同仍然合法有效。港南公司预期违约的意思表示因松大公司选择继续履行合同，而并未对于合同效力产生任何影响，港南公司应按照装船作业合同的要求，积极准备履行即将到来的合同义务，只有在港南公司日后存在实际违约的情况下，松大公司方能追究其违约责任。对于松大公司而言，因其对于港南公司预期违约采取了拒绝承认之救济措施，在港南公司未出现新的违约事实的情况下，松大公司无权单方改变救济措施的选择。装船作业合同对于松大公司而言仍具有约束力，在合同有效存续期间，其亦应积极履行合同约定的各项义务。

然松大公司在针对港南公司预期违约行为选择救济措施后，其又于合同履行期限届满前，与案外人世博公司就涉案装船作业另行签订合同，但未将该情况告知港南公司，且在收到港南公司同意继续履行合同函件后未作出任何回应。致使港南公司在合同履行期限到来之时无法正常履行涉案合同。在双方装

---

① 梁海静：《预期违约及其救济方法的比较研究》，载《民商法论丛》第13卷，法律出版社2000年版，第753页。

船作业合同有效存续期间，其行为已经构成违约，应自行承担由此产生的合同差价款，且应对港南公司为准备履行合同的相关损失承担赔偿责任。鉴于港南公司所提供相关损失的证据不足，法院没有支持港南公司的反诉请求。

（**一审法院合议庭成员** 杨 玲 胡英杰 裴大明
二审法院合议庭成员 李 彤 杨泽宇 张 昕
再审法院合议庭成员 胡 方 李桂顺 张可心
编写人 天津市高级人民法院 于轶男 杨泽宇
责任编辑 黄西武
审稿人 王淑梅）

行政及国家赔偿

上海海基业高科技有限公司与安徽省工商局、国家市场监督管理总局行政处罚及复议案

——协同垄断行为的司法认定

关键词：协同行为　反垄断　行政处罚

【裁判要旨】

以协同行为方式达成垄断协议的认定标准和考虑因素主要有以下五点：（1）是否符合达成垄断协议行为的主体要件；（2）客观上经营者之间是否存在一致性市场行为；（3）主观上经营者之间是否进行过意思联络或者信息交流；（4）经营者能否对一致性行为作出合理解释；（5）相关市场的结构情况、竞争状况、市场变化情况、行业情况等因素。

【相关法条】

《中华人民共和国反垄断法》第十二条　本法所称经营者，是指从事商品生产、经营或者提供服务的自然人、法人和其他组织。

本法所称相关市场，是指经营者在一定时期内就特定商品或者服务（以下统称商品）进行竞争的商品范围和地域范围。

第十三条　禁止具有竞争关系的经营者达成下列垄断协议：

（一）固定或者变更商品价格；

（二）限制商品的生产数量或者销售数量；

（三）分割销售市场或者原材料采购市场；

（四）限制购买新技术、新设备或者限制开发新技术、新产品；

（五）联合抵制交易；

（六）国务院反垄断执法机构认定的其他垄断协议。

本法所称垄断协议，是指排除、限制竞争的协议、决定或者其他协同行为。

《工商行政管理机关禁止垄断协议行为的规定》第二条 禁止经营者在经济活动中达成垄断协议。

垄断协议是指违反《反垄断法》第十三条、第十四条、第十六条的规定，经营者之间达成的或者行业协会组织本行业经营者达成的排除、限制竞争的协议、决定或者其他协同行为。

协议或者决定包括书面形式和口头形式。

其他协同行为是指经营者虽未明确订立书面或者口头形式的协议或者决定，但实质上存在协调一致的行为。

第三条 认定其他协同行为，应当考虑下列因素：

（一）经营者的市场行为是否具有一致性；

（二）经营者之间是否进行过意思联络或者信息交流；

（三）经营者能否对一致行为作出合理的解释。

认定其他协同行为，还应当考虑相关市场的结构情况、竞争状况、市场变化情况、行业情况等。

【案件索引】

一审：北京市西城区人民法院（2017）京0102行初432号（2017年10月30日）

二审：北京市第二中级人民法院（2018）京02行终82号（2018年5月17日）

【基本案情】

2016年9月18日，安徽省工商局对上海海基业高科技有限公司（以下简称海基业公司）作出被诉行政处罚，主要内容为："海基业公司和兆日公司、信雅达公司均在安徽市场销售支付密码器，经营同种业务，是具有横向竞争关系的独立法人，本应依据法律规定和市场经济规则开展充分有序的市场竞争，但却以中国人民银行合肥中心支行（以下简称人行合肥支行）行政限定为由，积极组织实施划分销售对象来分割支付密码器销售市场。……海基业公司与其他两家公司采取协调一致的行为在安徽省分割支付密码器销售市场，违反了《中华人民共和国反垄断法》第十三条第一款‘禁止具有竞争关系的经营者达成下列垄断协议’第（三）项‘分割销售市场或者原材料采购市场’及《工商行政管理机关制止滥用行政权力排除、限制竞争行为的规定》第五条‘经营者不得从事下列行为’第（一）项‘以行政机关和法律、法规授权的具有管理公共事务职能的组织的行政限定为由，达成、实施垄断协议和滥用市场支配地位’之规定，构成达成并实施垄断协议行为。……根据《中华人民共和国反垄断法》第四十六条第一款……之规定，责令海基业公司停止违法行为，并对海基业公司处罚如下：1. 没收违法所得 19854770. 81 元；2. 处以 2014 年度销售额百分之八的罚款75913. 85元。合计：19930684. 66 元。”2017 年 1 月 13 日，原国家工商总局作出被诉复议决定，维持了被诉行政处罚。

海基业公司不服上述行政行为，诉至一审法院，请求撤销被诉行政处罚及被诉复议决定，本案诉讼费由安徽省工商局、国家市场监管总局共同承担。

法院经审理查明：2014 年 7 月 25 日，安徽省工商局制作《案件来源登记表》。2015 年 1 月 13 日，安徽省工商局向原国家工商总局作出《关于授权我局查处兆日公司等三家企业涉嫌垄断行为的请示》。2015 年 1 月 26 日，原国家工商总局向安徽省工商局出具《关于授权安徽省工商局立案查处兆日公司等三家企业涉嫌垄断行为的决定》。2015 年 2 月 5 日，安徽省工商局制作《立案审批表》，建议对涉案三家企业予以立案调查。2015 年 3 月 25 日，安徽省工商局制作《行政处罚案件有关事项审批表》。

2016 年 4 月 5 日，安徽省工商局制作《案件调查终结报告》《行政处罚案件有关事项审批表》。2016 年 4 月 13 日，安徽省工商局向兆日公司、海基业公司、信雅达公司分别出具《行政处罚听证告知书》。5 月 11 日至 5 月 20 日，安徽省工商局组织召开案件听证会，形成听证笔录及听证报告。2016 年 6 月 1 日，安徽省工商局向原国家工商总局作出《关于对兆日科技公司等三家企业涉嫌达成并实施垄断协议行为行政处罚的报告》。2016 年 8 月 9 日，安徽省工商局制作《行政处罚案件有关事项审批表》，记载审批事项为关于调整计算信雅达公司违法所得的建议。2016 年 8 月 12 日，安徽省工商局向原国家工商总局作出《关于调整计算信雅达公司违法所得情况的报告》。2016 年 8 月 31 日，原国家工商总局反垄断与反不正当竞争执法局向安徽省工商局作出复函（［2016］160 号)，同意案件处理意见。

2016 年 9 月 18 日，安徽省工商局作出《行政处罚决定审批表》。同日，安徽省工商局作出包括被诉行政处罚在内的三份《行政处罚决定书》（皖工商公处字［2016］1、2、3 号），并向海基业公司、兆日公司、信雅达公司出具《行政处罚信息公示告知单》。海基业公司不服被诉行政处罚，向原国家工商总局申请行政复议。2017 年 1 月 13 日，原国家工商总局作出被诉复议决定，并向各方当事人送达。

【裁判结果】

北京市西城区人民法院于 2017 年 10 月 30 日作出（2017）京 0102 行初 432 号行政判决：驳回海基业公司的诉讼请求。宣判后，海基业公司向北京市第二中级人民法院提起上诉。北京市第二中级人民法院于 2018 年 5 月 17 日作出（2018）京 02 行终 82 号行政判决：驳回上诉，维持原判。

【裁判理由】

法院生效裁判认为：经审查，安徽省工商局结合海基业公司的行为性质、违法情节等因素，对其涉案分割销售市场的垄断行为作出被诉行政处罚，认定事实清楚，证据确凿。该局适用《反垄断法》第十三条第一款第三项、第二款及《工商行政管理机关禁止垄断协议行为的规定》第二条第四款、《工商行政管理机关制止滥用行政权力排除、限制竞争行为的规定》第五条第一项的规定予以定性，并根据《反垄断法》第四十六条第一款的规定进行处罚，适用法律正确。

本案中，安徽省工商局于 2015 年 2 月 5 日立案，2016 年 4 月 15 日向海基业公司送达《安徽省工商行政管理局行政处罚听证告知书》，5 月 11 日举行听证会，9 月 18 日作出被诉行政处罚，上述执法程序不与《行政处罚法》《工商行政管理机关行政处罚程序规定》《工商行政管理机关行政处罚案件听证规则》《工商行政管理机关查处垄断协议、滥用市场支配地位案件程序规定》等规定相悖，法院认可被诉行政处罚执法程序的合法性。原国家工商总局收到海基业公司所提行政复议申请后，于 2016 年 11 月 17 日向安徽省工商局作出《行政复议答复通知书》，安徽省工商局于 2016 年 12 月 5 日作出《行政复议答复书》，2017 年 1 月 13 日，原国家工商总局根据《行政复议法》第二十八条第一款第一项的规定作出被诉复议决定，亦符合法律规定，复议程序合法。

【案例注解】

一、以协同行为方式达成垄断协议的认定标准和考虑因素

《反垄断法》第十三条规定："禁止具有竞争关系的经营者达成下列垄断协议：（一）固定或者变更商品价格；（二）限制商品的生产数量或者销售数量；（三）分割销售市场或者原材料采购市场；（四）限制购买新技术、新设备或者限制开发新技术、新产品；（五）联合抵制交易；（六）国务院反垄断执法机构认定的其他垄断协议。本法所称垄断协议，是指排除、限制竞争的协议、决定或者其他协同行为。"《工商行政管理机关禁止垄断协议行为的规定》第二条第四款规定："其他协同行为是指经营者虽未明确订立书面或者口头形式的协议或者决定，但实质上存在协调一致的行为。"第三条规定："认定其他协同行为，应当考虑下列因素：（一）经营者的市场行为是否具有一致性；（二）经营者之间是否进行过意思联络或者信息交流；（三）经营者能否对一致行为作出合理的解释。认定其他协同行为，还应当考虑相关市场的结构情况、竞争状况、市场变化情况、行业情况等。"

《反垄断法》是市场经济重要的基础性法律。《工商行政管理机关禁止垄断协议行为的规定》系其配套实体规章，在法律框架内对垄断协议行为、滥用市场支配地位行为和滥用行政权力排除、限制竞争的行为进行了细化和明确。结合《反垄断法》及《工商行政管理机关禁止垄断协议行为的规定》前述规定，法院认为，以协同行为方式达成垄断协议的认定标准和考虑因素主要有以下五点：

第一，是否符合达成垄断协议行为的主体要件。根据《反垄断法》第十三条关于禁止具有竞争关系的经营者达成垄断协议的规定，垄断协议系在两个或者两个以上有竞争关系的经营者之间达成。根据本案已查明的事实，海基业公司及兆日公司、信雅达公司均系从事支付密码器销售业务的独立企业法人，属于《反垄断法》第十二条所规定的经营者，且上述公司均在安徽省从事相同或相似产品的销售，彼此之间具有横向竞争关系，属于《反垄断法》第十三条所规定的具有竞争关系的经营者，符合达成垄断协议行为的主体要件。

第二，客观上经营者之间是否存在一致性市场行为。相互竞争的市场主体同时或者相继作出相同的市场行为，是协同行为的基本外在特征。经营者之间的外在市场行为表现出相同性，是发现协同行为的基本前提和初步证据。认定

一致性市场行为，应当注意两个基本条件：一是行为的同时性；二是行为的相同性。其中，“相同”应当作广义理解，既包括完全相同，也包括基本相同或者相似。

根据本案已查明的事实，海基业公司及兆日公司、信雅达公司外在市场行为的一致性主要体现在以下四个方面：（1）2010 年 12 月 7 日，上述三家企业与安徽省多家银行业金融机构在人行合肥支行的组织下参加会议，通过讨论协商，确定支付密码器统一销售价格，对安徽省 20 家银行业金融机构支付密码器销售市场进行分配，即工商银行安徽省分行、中国银行安徽省分行、兴业银行合肥分行、华夏银行合肥分行、汇丰银行合肥分行、徽商银行六家单位在安徽省内各营业网点代售海基业公司的支付密码器。国家开发银行安徽省分行、农业银行安徽省分行、招商银行合肥分行、民生银行合肥分行、东亚银行合肥分行、九江银行合肥分行六家单位在安徽省内各营业网点代售兆日公司的支付密码器。农业发展银行安徽省分行、建设银行安徽省分行、交通银行安徽省分行、浦东发展银行合肥分行、浦东发展银行芜湖分行、光大银行合肥分行、中信银行合肥分行、中国邮政储蓄银行安徽省分行八家单位在安徽省内各营业网点代售信雅达公司的支付密码器。具体实施过程中，海基业公司及兆日公司、信雅达公司向相对应的银行业金融机构不交叉供货。（2）2010 年年底至 2011 年年初，涉案三家企业与其在安徽省各自对应的银行业金融机构分别签订关于销售支付密码产品的协议，统一规定销售价格为每台 520 元。其中，涉案三家企业按照每台 80 元的标准向各银行支付手续费或服务费。（3）2012 年 12 月，涉案三家企业与其在安徽省各自对应的银行业金融机构陆续重新签订关于销售支付密码产品的协议，统一规定销售价格为每台 400 元，统一取消代理服务费。（4）涉案三家企业统一开展宣传推广活动，共同应对媒体负面报道引发的危机并承担相关费用。综上，可以认定涉案三家企业之间存在一致性市场行为。

第三，主观上经营者之间是否进行过意思联络或者信息交流。协同行为与排除、限制竞争的协议、决定一样，属于一种垄断协议。协同行为与协议、决定的区别之一在于行为人之间合意形成的过程及形式不同，而任何合意的形成，必然依赖一定形式的意思联络，因此，经营者之间存在意思联络或者信息交流是协同行为的必备要件。

根据本案现有证据显示，海基业公司、兆日公司、信雅达公司之间存在意思联络。主要表现在以下四个方面：（1）2010 年 12 月 7 日，海基业公司、兆日公司、信雅达公司及安徽省多家银行业金融机构共同参加由人行合肥支行组织召开的安徽省支付密码推广工作会议。会议就安徽省支付密码器销售市场分配方案、产品型号、市场价格、推广宣传、销售措施、培训及相关费用等事项达成一致意见，对安徽省支付密码器销售市场进行分割，形成“六、六、八”市场划分格局。(2) 在2010年12月7日会议后至12月20日启动仪式期间，涉案三家企业就支付密码器的推广宣传工作进行面谈，共同制定此次支付密码器推广工作的宣传方案，开展统一宣传。(3) 在2012年12月4日人行合肥支行组织召开的会议上，涉案三家企业进行意思联络，统一固定和调整价格，将支付密码器的价格由每台520元调整至每台400元，并统一取消代理服务费。(4) 涉案三家企业进行意思联络，以分别支付《购物导报》7万元广告费的方式共同应对媒体负面报道引发的危机。

第四，经营者能否对一致性行为作出合理解释。协同行为的相同性或相似性以及同时性等问题，实际涉及协同行为与平行行为、跟随行为的区别问题。所谓平行行为，是指市场主体之间在没有任何沟通的前提下作出的相同或相似的市场行为，这种相同的市场行为通常被称为平行行为，不受《反垄断法》等法律法规关于垄断协议的规制。而跟随行为，是指市场主体根据竞争对手的市场行为，在特定竞争条件下为适应竞争环境的变化，后续采取的相同或者相似的策略性应对措施。在一个相对稳定的市场环境中，占主导地位的市场主体往往会应经营环境的变化率先采取主动性市场行为，而其他市场主体基于稳定竞争环境的需要以及自身利益最大化的考量，也随之采取相同或者相似的市场行为，这种表面看似相同或相似的行为实际上属于跟随行为，是正常市场竞争过程的自然反映，亦不宜将其纳入《反垄断法》范畴进行规制。

第五，相关市场的结构情况、竞争状况、市场变化情况、行业情况等因素。《反垄断法》第十二条第二款规定：“本法所称相关市场，是指经营者在一定时期内就特定商品或者服务进行竞争的商品范围和地域范围。”本案中，相关市场即指安徽省支付密码器销售市场。海基业公司及兆日公司、信雅达公司协议分割安徽省支付密码器销售市场，导致相关市场长期以来只存在三个经营者，其他经营者基本难以进入，竞争状况恶化，且涉案三家企业相互之间不交叉供货，扰乱市场竞争秩序，影响经济运行效率，既剥夺了消费者自主选择权，又加重了消费者负担，对消费者的合法权益造成损害。

综合上述五点情况，并结合《反垄断法》及《工商行政管理机关禁止垄断协议行为的规定》等相关规定，海基业公司及兆日公司、信雅达公司的涉案行为特征符合以协同方式达成垄断协议的认定标准，安徽省工商局认定包括海基业公司在内的三家企业存在协同分割安徽省支付密码器销售市场之垄断行为具备事实基础。

二、关于《反垄断法》第十五条规定的反垄断豁免条款是否适用于本案的问题

本案中，海基业公司、兆日公司、信雅达公司主张其行为属于《反垄断法》第十五条第一款第一项和第二项规定的反垄断豁免情形。前述法律规定："经营者能够证明所达成的协议属于下列情形之一的，不适用本法第十三条、第十四条的规定：（一）为改进技术、研究开发新产品的；（二）为提高产品质量、降低成本、增进效率，统一产品规格、标准或者实行专业化分工的。"就相关问题，安徽省密码管理局经请示国家密码管理局，于2015年3月3日向安徽省工商局作出《关于电子支付密码器有关情况的说明》，主要内容是：海基业公司、兆日公司、信雅达公司的涉案产品均是经批准的商用密码产品，支付密码器系统主要用于银行票据防伪，按照统一标准研制，可以实现不同支付密码器系统间的互验，具有通用性。2002年12月16日，中国人民银行支付结算管理办公室下发《关于实施通用性支付密码器系统有关事项的通知》（银支付［2002］84号），要求自2004年1月1日起，所有非通用支付密码器系统一律停止使用。此外，根据本案证据可知，2012年至2013年期间，招商银行总行同时采购了海基业公司和兆日公司销售的支付密码器。2011年至2013年期间，中国工商银行总行同时采购了信雅达公司、四川信都电脑有限责任公司及江苏国光信息产业股份有限公司销售的支付密码器。2012年至2014年期间，中国建设银行总行同时采购了信雅达公司、兆日公司及江苏国光信息产业股份有限公司销售的支付密码器。上述情况亦可佐证支付密码器产品具有通用性，同一银行可选用多个厂商及不同型号的支付密码器。但在本案中，同一银行的客户只能选择单一厂商提供的支付密码器产品。此外，《反垄断法》第十五条第二款规定："属于前款第一项至第五项情形，不适用本法第十三条、第十四条规定的，经营者还应当证明所达成的协议不会严重限制相关市场的竞争，并且能够使消费者分享由此产生的利益。"本案中，在案证据未能达到此证明目的。

综上，涉案支付密码器产品具有通用性，符合要求的支付密码器产品在达到国家或者行业相应标准，可以满足金融技术安全与稳定需要的情况下，均可以进入市场参与竞争。海基业公司、兆日公司、信雅达公司关于同一银行选用相同厂商及型号的产品有利于提高服务质量、降低服务成本的意见显然不能成立，在竞争充分的市场，上述目的更有可能实现。综上，法院认为，涉案三家

企业的行为不属于《反垄断法》第十五条第一款第一项和第二项规定的反垄断豁免之情形。

三、关于行政性垄断因素的存在是否影响对涉案三家企业前述行为定性的问题

所谓行政性垄断行为，根据《反垄断法》《工商行政管理机关制止滥用行政权力排除、限制竞争行为的规定》相关规定，系指行政机关和法律、法规授权的具有管理公共事务职能的组织滥用行政权力，排除、限制竞争的行为。

针对经营者的行为，《反垄断法》第十三条第一款第三项规定：禁止具有竞争关系的经营者达成分割销售市场或者原材料采购市场的垄断协议。《工商行政管理机关禁止垄断协议行为的规定》第二条第一款规定："禁止经营者在经济活动中达成垄断协议。"《反垄断法》第四十六条第一款规定："经营者违反本法规定，达成并实施垄断协议的，由反垄断执法机构责令停止违法行为，没收违法所得，并处上一年度销售额百分之一以上百分之十以下的罚款，尚未实施所达成的垄断协议的，可以处五十万元以下的罚款。"

针对行政机关和法律、法规授权的具有管理公共事务职能的组织的行为，《反垄断法》第八条规定："行政机关和法律、法规授权的具有管理公共事务职能的组织不得滥用行政权力，排除、限制竞争。"该法第五十一条第一款规定："行政机关和法律、法规授权的具有管理公共事务职能的组织滥用行政权力，实施排除、限制竞争行为的，由上级机关责令改正；对直接负责的主管人员和其他直接责任人员依法给予处分。反垄断执法机构可以向有关上级机关提出依法处理的建议。"

另据《工商行政管理机关制止滥用行政权力排除、限制竞争行为的规定》第二条规定："行政机关和法律、法规授权的具有管理公共事务职能的组织不得滥用行政权力，排除、限制竞争。"第四条规定："行政机关不得滥用行政权力，以决定、公告、通告、通知、意见、会议纪要等形式，制定、发布含有排除、限制竞争内容的规定。前款规定适用于法律、法规授权的具有管理公共事务职能的组织。"第五条第一项规定：经营者不得"以行政机关和法律、法规授权的具有管理公共事务职能的组织的行政限定为由，达成、实施垄断协议和滥用市场支配地位"。第六条规定："行政机关和法律、法规授权的具有管理公共事务职能的组织违反本规定第三条、第四条规定的，国家工商行政管理总局和省、自治区、直辖市工商行政管理局依照《反垄断法》第五十一条的规定，可以就行政机关和法律、法规授权的具有管理公共事务职能的组织滥用

行政权力排除、限制竞争的行为表现及其后果，向其有关上级机关提出依法处理的建议。”第七条规定：“经营者违反本规定第五条规定从事垄断行为的，依照《工商行政管理机关禁止垄断协议行为的规定》《工商行政管理机关禁止滥用市场支配地位行为的规定》处理。”

综上可见，无论是行政机关和法律、法规授权的具有管理公共事务职能的组织，抑或是具有横向、纵向竞争关系的经营者，均不得在经营活动中从事垄断行为。一旦实施垄断行为，应令其各自承担相应的法律责任。本案中，海基业公司及兆日公司、信雅达公司均是独立企业法人，在市场经营活动中具有民事权利能力和民事行为能力，依法独立享有民事权利和承担民事义务，安徽省工商局针对涉案三家企业的违法行为，结合其各自发挥的影响力、作用力，令其各自承担相应法律责任的做法，并无不当。综上，行政性垄断因素是否存在并不影响对涉案三家企业前述行为的定性。同时，法院需指出，作为经营者来讲，可依法通过公平竞争、自愿联合等方式扩大经营规模，以提高市场竞争能力，同时完善内控合规，将自身反垄断法律风险降到最低，即使行政性垄断因素确实存在，亦不应参与其中谋取垄断利益。

本案庭审过程中，海基业公司、兆日公司、信雅达公司提出其应享有后罚抗辩权，即安徽省工商局在对涉案三家企业进行处罚前，应先行对人行合肥支行的涉案行为予以定性并处理。就此问题，法院认为，我国《反垄断法》及其配套规章均未规定反垄断执法机构在对经营者的垄断行为进行处罚时，应以确认行政机关和法律、法规授权的具有管理公共事务职能的组织存在违法行为并予以处理为前提。《工商行政管理机关制止滥用行政权力排除、限制竞争行为的规定》第五条第一项规定：经营者不得“以行政机关和法律、法规授权的具有管理公共事务职能的组织的行政限定为由，达成、实施垄断协议和滥用市场支配地位”。第七条规定：“经营者违反本规定第五条规定从事垄断行为的，依照《工商行政管理机关禁止垄断协议行为的规定》《工商行政管理机关禁止滥用市场支配地位行为的规定》处理。”因此，无论行政性垄断因素是否存在，经营者以此为由实际实施了垄断行为，即为《反垄断法》及其配套规章所禁止。

【编后补评】

本案是全国法院判决的首例以协同行为认定垄断存在的行政处罚诉讼案件。协同行为作为垄断协议的一种高级形式，在实施中往往不会遗留直接证据，协同行为的认定成为审判领域以及执法领域的重大疑难问题。本案中，法院通过客观、全面分析在案证据的内容及证明力，严格依据《反垄断法》及其配套规章等相关规定，最终确立了协同垄断行为司法认定的五大要素，并在裁判文书中对以协同行为方式达成垄断协议的认定标准和考虑因素、反垄断豁免条款是否适用于本案以及行政性垄断因素的存在是否影响行为定性等焦点问题进行了详细阐述，最终判决认定海基业公司的涉案行为构成协同垄断行为，对安徽省工商局所作行政处罚决定及国家市场监管总局所作行政复议决定予以维持。

（**一审法院合议庭成员** 刘 丰 韩世和 孙提明
二审法院合议庭成员 李 丹 周建忠 李智涛
编写人 北京市第二中级人民法院 李 丹
责任编辑、补评人 韩德强
审稿人 王振宇）

济南龙田影城有限公司诉济南市历城区市场监督管理局、济南市历城区人民政府行政处罚及复议案

——行政机关不得扩大法律适用范围作出行政处罚

关键词：行政处罚　类推适用　放映许可　设立电影放映单位

【裁判要旨】

行政机关不能因市场管理需要而自行扩大法律适用范围作出行政处罚。电影公司在获得电影放映经营许可后，在登记住所地外的场所放映电影的行为不属于《电影管理条例》第五十五条规定的“擅自设立放映单位”，行政机关依此规定对相对人作出行政处罚属于法律适用错误。

【相关法条】

《电影管理条例》第五条第一款　国家对电影摄制、进口、出口、发行、放映和电影片公映实行许可制度。未经许可，任何单位和个人不得从事电影片的摄制、进口、发行、放映活动，不得进口、出口、发行、放映未取得许可证的电影片。

第三十九条第一款　电影发行单位、电影放映单位变更业务范围，或者兼并其他电影发行单位、电影放映单位，或者因合并、分立而设立新的电影发行单位、电影放映单位的，应当依照本条例第三十七条或者第三十八条的规定办理审批手续，并到工商行政管理部门办理相应的登记手续。

第五十五条　违反本条例规定，擅自设立电影片的制片、发行、放映单位，或者擅自从事电影制片、进口、发行、放映活动的，由工商行政管理部门

予以取缔；依照刑法关于非法经营罪的规定，依法追究刑事责任；尚不够刑事责任的，没收违法经营的电影片和违法所得以及进行违法经营活动的专用工具、设备；违法所得5万元以上的，并处违法所得5倍以上10倍以下的罚款；没有违法所得或者违法所得不足5万元的，并处20万元以上50万元以下的罚款。

【案件索引】

一审：山东省济南市历城区人民法院（2017）鲁0112行初116号（2017年6月2日）

二审：山东省济南市中级人民法院（2017）鲁01行终503号（2017年8月11日）

【基本案情】

2015年12月31日，被告济南市历城区市场监督管理局（以下简称历城市场监管局，该局依历城区政府文件接收了原历城区工商行政管理局的编制与职责）执法中发现，原告济南龙田影城有限公司（以下简称龙田公司）住所为济南市历城区彩石镇东彩石村金正淳和文化广场五楼，却在山东建筑大学三楼影音厅，擅自从事放映活动，遂当日立案，进行了调查，并扣押了原告的放映设备。2016年1月14日，被告制作了延长扣押期限决定书，并于当日送达原告。后被告又进行了调查、现场检查，原告亦提交了相关证据。就本案，经案审委集体研究审议，法制法规科核审同意，行政机关负责人集体讨论决定，对原告下达了《行政处罚告知书》，认为原告行为违反了《电影管理条例》第三十九条规定，构成擅自设立放映单位，擅自从事放映活动的行为，根据该条例第五十五条规定，拟对原告进行处罚。2016年1月29日，被告历城市场监管局制作了解除行政强制措施决定书和财物清单，对所扣物品除电影票据外予以解除扣押。2016年2月6日，根据原告申请，被告历城市场监管局在其单位四楼会议室举行了听证会。听证会后，听证主持人制作了听证报告，该报告认为，经听证听取原告意见后，仍应对原告进行处罚，但适用法律条文应修改，即应适用《电影管理条例》第五条第一款及第五十五条。经被告历城市场监管局案审委集体研究，审议通过。2016年3月2日，被告历城市场监管局作出了济历城工商注处字［2015］23号行政处罚决定书，处罚如下：“1.

取缔龙田公司擅自从事电影放映活动的行为；2. 没收龙田公司用于经营的联想 LENOVO3005 主机一台、电影存储设备两台、NEC NP - NC900C - A + 投影机一台、EPSOW M129D 票据打印机一台、ACERG193WL 显示器一台、海志 W30 键盘一个、海志鼠标一个、睿浩 3D 眼镜 47 个、HI - SHOCK3D 眼镜 33 个；3. 罚款 200000 元，上缴国库。”原告对行政处罚决定不服，向济南市历城区人民政府（以下简称历城区政府）申请行政复议，历城区政府作出济历城复决字［2016］28 号行政复议决定书，维持了历城市场监管局的处罚决定。原告仍不服，诉至法院。诉讼请求：撤销济历城工商注处字［2015］23 号行政处罚决定书、济历城复决字［2016］28 号行政复议决定书。

另查明，2016 年 2 月 3 日，国务院作出《关于第二批取消 152 项中央指定地方实施行政审批事项的决定》（国发〔2016〕9 号）文件，其中对《电影管理条例》第三十九条规定的县级新闻出版广电行政部门审批的电影放映单位变更业务范围或者兼并、合并、分立事项予以取消。2016 年 1 月 20 日，济南市文化广电新闻出版局（以下简称济南文广新局）向历城市场监管局出具《关于协助济南市工商行政管理局历城分局调查的回函》（以下简称《回函》），该函载明：“根据《电影管理条例》第三十九条规定，龙田公司如在住所外设立新的放映单位，从事电影放映活动，必须办理《电影放映经营许可证》。”2016 年 2 月 4 日，济南文广新局根据被告历城市场监管局要求，作出《关于〈电影管理条例〉适用相关条款的说明》（以下简称《说明》），认为：“龙田公司所从事的放映活动为定点固定放映，其在住所外另设立放映场所从事放映经营活动，须按规定办理经营许可、消防许可、工商注册登记等手续。电影企业即使进学校、进社区从事流动放映业务，也要到当地电影行政部门报备。原告设立‘建大影院’从事放映经营活动，既违约了与加盟所在电影院线的合同，同时，也违反了《电影管理条例》第五条、第五十五条的规定，应予处罚。”

【裁判结果】

济南市历城区人民法院于 2017 年 6 月 2 日作出（2017）鲁 0112 行初 116 号行政判决：驳回原告龙田公司的诉讼请求。宣判后，龙田公司提起上诉。济南市中级人民法院于 2017 年 8 月 11 日作出（2017）鲁 01 行终 503 号行政判决：一、撤销济南市历城区人民法院（2017）鲁 0112 行初 116 号行政判决；二、撤销被上诉人济南市历城区市场监督管理局济历城工商注处字［2015］

23 号行政处罚决定书；三、撤销被上诉人济南市历城区人民政府济历城复决字［2016］28 号行政复议决定书。

【裁判理由】

法院生效判决认为：龙田公司于 2012 年 11 月 18 日通过济南文广新局的审批，取得电影放映许可；2013 年 2 月 5 日注册成立公司，取得营业执照；龙田公司系具有合法手续的电影放映单位，可以在其住所内进行电影放映。《电影管理条例》第五条第一款规定："国家对电影摄制、进口、出口、发行、放映和电影片公映实行许可制度。未经许可，任何单位和个人不得从事电影片的摄制、进口、发行、放映活动，不得进口、出口、发行、放映未取得许可证的电影片。"《电影管理条例》第五十五条规定："违反本条例规定，擅自设立电影片的制片、发行、放映单位，或者擅自从事电影制片、进口、发行、放映活动的，由工商行政管理部门予以取缔；依照刑法关于非法经营罪的规定，依法追究刑事责任；尚不够刑事处罚的，没收违法经营的电影片和违法所得以及进行违法经营活动的专用工具、设备；违法所得 5 万元以上的，并处违法所得 5 倍以上 10 倍以下的罚款；没有违法所得或者违法所得不足 5 万元的，并处 20 万元以上 50 万元以下的罚款。"从上述规定可以看出，任何单位进行电影的放映必须取得行政许可，未经许可的放映行为应当承担行政甚或刑事责任。《行政诉讼法》第六十三条第一款规定："人民法院审理行政案件，以法律和行政法规、地方性法规为依据。地方性法规适用于本行政区域内发生的行政案件。"即法律和行政法规、地方性法规是审理行政案件的法律依据，亦是行政机关对相对人作出行政处罚行政行为的法律依据。历城市场监管局作出的济历城工商注处字［2015］23 号《行政处罚决定书》中，处罚所依据的行政法规为《电影管理条例》第五条及第五十五条。双方当事人对于《电影管理条例》作为认定历城市场监管局行为性质的法律依据并无争议，其争议点在于如何理解法条中"擅自设立电影放映单位"的含义。

龙田公司与山东建筑大学进行校企文化建设合作，由山东建筑大学提供放映场地、龙田公司提供影片及放映设备，面向该校师生进行电影放映，该事实双方当事人均无异议。该事实亦系历城市场监管局对龙田公司进行处罚的主要理由，处罚决定中载明："在未取得《电影放映许可证》的情况下，在其公司住所以外的山东建筑大学三楼设立电影放映厅擅自从事电影放映活动。"济历城工商注处字［2015］23 号《行政处罚决定书》中"本局认为部分"主要引用了济南文广新局向历城市场监管局出具的《回函》和《说明》中的意见，该两文件核心观点认为："龙田公司在住所外设立新的电影放映单位，未办理相关手续，违反了《电影管理条例》第五十五条规定。"然而，济南文广新局出具的上述函件和对法律条款理解说明系行政机关对行政法规应用进行的自行解释，这些具体应用解释并非正式的法律渊源，不能成为行政机关作出行政处罚的法律依据，对人民法院亦不具有法律规范意义上的约束力。历城市场监管局仍应当以《电影管理条例》及相关法律作为行政处罚的依据。

本案中，双方当事人对于《电影管理条例》中何为"设立新的电影放映单位"有不同理解。龙田公司认为自己已经取得电影放映许可证，只要在经营区域内放映电影，即使不在注册登记的住所进行，亦非"设立新的电影放映单位"，不属于擅自放映行为。历城市场监管局认为，龙田公司虽已取得电影放映许可证，但该许可仅限于在住所进行放映，在住所以外的场地放映电影属于"设立新的电影放映单位"，应当依法办理放映许可手续。对于该两种不同的解释，法院认为，应当在考察《电影管理条例》立法目的的前提下，遵循行政法的解释原则，运用法律解释方法确定法条的真实含义。首先，《电影管理条例》旨在加强对电影行业的管理，杜绝电影市场违法违规和不规范行为；同时，发展和繁荣电影事业，满足人民群众文化生活需要。龙田公司已经获得放映许可，具备电影放映资格，其在住所之外放映电影有利于电影市场的发展与繁荣；但同时，因其放映场所未向监管部门进行申报，会在一定程度上造成行政机关的监管困难，出现电影市场的不规范竞争，破坏市场秩序。《国家新闻出版广电总局关于加强电影市场管理规范电影票务系统使用的通知》（以下简称《通知》）第三条第六款对该行为予以禁止，亦说明该行为的不规范性。虽然该通知并非行政法规或规章，不能作为行政处罚的依据，但该通知系国务院部门作出的其他规范性文件，从行政管理的角度看，违反该通知的禁止规定而进行的电影放映行为具有不正当性。其次，行政法的主要目的在于规范行政权力的行使、限制行政权力的范围，避免行政权力扩张而侵害行政相对人的合法利益。因此，在对行政法的解释出现不同含义时，应当作出有利于行政相对人的解释。最后，从法律解释的角度看：一方面，从文义上进行解释，"单位"是公司、组织机构等的统称，是与"个人"相对应的概念，不包含"场地""地点"的含义；另一方面，从体系上进行解释，由《电影管理条例》第三十六条及相关条款可知，"设立电影放映单位"的含义为成立新的电影公司或者分支机构，龙田公司在山东建筑大学并未成立新的电影公司或分支机构并以其名义放映电影，而是使用自己注册登记的电影公司对外经营。综上所述，“在住所地以外放映电影”不属于“设立新的电影放映单位”的擅自放映行为，现行法律法规并未要求该行为必须另行获得行政部门的放映许可。故历城市场监管局以龙田公司“设立新的电影放映单位、未经许可擅自进行电影放映”为由，并依据《电影管理条例》第五十五条对龙田公司进行处罚，历城区政府对处罚决定予以维持的复议决定，均自行扩大了该条例规定的处罚适用范围，系法律适用不当，应予纠正。

【案例注解】

行政处罚是行政机关对相对人作出的一种严厉制裁，必须遵守处罚法定原则。在法律无明文规定应予处罚的情况下，即使相对人的行为具有不正当性，在处罚法定原则拘束下，行政机关不得以类推适用方法扩大法律的适用范围对行政相对人作出行政处罚。行政审判作为维护行政相对人权益的最后一道防线，应对行政机关作出的行政处罚的形式与实质合法性一并进行审查，有效发挥行政审判对行政权力的监督作用和纠错职能。

一、行政处罚必须遵守处罚法定原则

行政处罚是指具有执法权的行政主体为维护公共利益和社会秩序，保护公民、法人或其他组织的合法权益，依法对违反行政法律法规但尚未构成犯罪的行政相对人给予法律制裁的行政行为。依法治国的要义不在于限制私权，而在于规范公权；行政法存在之目的亦不为限缩或遏制公民的自由及权利，而在于规制公权力行为，保障公民的合法权利。行政处罚属于典型的侵害行政，必须严格依法行政。依法行政要求行政处罚须有法律上的根据，“法无明文规定不违法，法无明文规定不处罚”，亦即处罚法定原则。对此，《行政处罚法》第三条作出了“没有法定依据的，行政处罚无效”的明确规定。处罚法定原则具体要求有四：其一，行政处罚必须有明确的法律依据，法无明文规定不得处罚。其二，行政处罚必须由有权设定行政处罚的国家机关在《行政处罚法》规定的权限范围内设定，并以法定的程序制定、公布；无权的，不得设定；有权的，也不得越权设定。其三，行政处罚必须由具有该项职权的行政机关作出，无权或未经授权的机关无权作出行政处罚。其四，行政处罚必须依照法律规定的程序进行。就本案而言，法院对于历城市场监管局作出的行政处罚的合法性应从以上四个方面进行审查。首先，历城市场监管局作出行政处罚的依据为《电影管理条例》，该条例属于国务院行政法规。《行政处罚法》第十条规

定，行政法规可以设定除限制人身自由以外的行政处罚。因此，国务院制定的《电影管理条例》作出罚款及没收放映设备的行政处罚的规定合法。其次，《电影管理条例》第五十五条明确规定，违反本条例规定，擅自设立电影片放映单位，或者擅自从事电影放映活动的，由工商行政管理部门进行行政处罚。可见，该条例明确授权工商行政管理部门为行政执法主体，历城市场监管局作为工商行政管理部门实施行政处罚属于依法履行职责，并不超越职权范围。再次，历城市场监管局在作出行政处罚之前履行了调查取证、就法律适用问题与相关部门进行沟通以获取准确理解、举行听证会等一系列法定程序，不存在程序违法的情形。因此，历城市场监管局所作出的行政处罚主体适格、程序合法、法律依据明确且法律依据本身合法，形式上不存在违法之处，这也正是本案复议机关、一审法院维持行政处罚的主要理由。但是，形式是服务于内容的，形式正义不等同于实质正义。长期以来，我国行政审判过分强调司法审查的形式化，即主要审查行政行为形式上是否合法，而忽略了对行政行为实质合法性的审查，从而降低了裁判结果的正当性和可接受性。本案行政处罚最大问题在于所作处罚法律依据虽然明确，但法律适用不正确。因为，龙田公司已经获得了电影放映许可，在住所之外的其他场所放映电影并非“设立新的电影放映单位”，不属于《电影管理条例》第五十五条规定中应受处罚的情形。二审法院经过法律解释与论证，认定历城市场监管局作出的行政处罚存在法律适用错误，进而作出了撤销行政处罚的判决。

二、处罚法定原则禁止类推适用

法律不可能穷尽社会生活的各个方面，面对纷繁复杂的社会活动，法律时常会出现漏洞。民事活动要最大限度地尊重当事人的意思自由，贯彻意思自治原则，只要当事人的活动没有违反法律的强制性规定，法律就不应该进行干预。法官在解决民事纠纷时，首先应当依照法律规定进行裁判，在法律没有明文规定的情况下，法官可以采用类推适用等方法填补法律漏洞。类推适用，系指将法律明文之规定，适用到该法律规定所未直接加以规定，但其规范上之重要特征与该规定所明文规定者相同之案型。① 类推适用的基础在于待决案件的事实与法律规定的要件事实之间具有类似性，因而得基于“同类事物同样对待”的法理将既有的法律规定类推及于待决的案件事实。但是，行政法中处罚法定原则却要求行政机关不得采用类推适用方法对相对人作出行政处罚，因

① 黄茂荣：《法学方法与现代民法》，法律出版社2007年版，第492页。

为，如果行政机关在法律没有明确规定的情形下可以自行类推适用其他相关法律，就会让法律变得不明确、不肯定，让行政权力过分扩张，进而造成行政处罚的滥用，损害行政相对人的合法权益。不可否认，禁止行政处罚类推适用是存在弊端的。就本案而言，龙田公司在住所地以外的山东建筑大学放映电影，违反了《通知》第三条第六款规定，存在不正当性，在一定程度上破坏了电影市场秩序，其行为具有可罚性，行政管理机关却因法无明文规定而无法对其进行处罚。此案之所以产生对立的观点，其原因是龙田公司行为的不正当性和法律缺乏与之对应的规范之间的矛盾。但是，处罚法定原则带来的“疏漏”只是一种“必要的丧失”，而类推适用带来的则是行政相对人的“不放心”危险状态，通过两者之间的价值衡量发现，禁止行政处罚类推适用带来的弊端比起保障社会民众和市场主体的自由权利不受侵犯的安定状态而言明显是次要的。另外，从法律漏洞补充的途径来看，行政法律规范的补充或修改不像民商法条款修改那样困难，许多行政法律规范的表现形式是法规和规章，而法规和规章的制定与修改相对而言较为迅速高效，行政法领域的漏洞完全可以通过立法途径予以填补。所以，在行政处罚这一涉及对公民权益限制或者侵害的领域，必须严格禁止类推适用。

三、行政审判应审查行政处罚的实质合法性

在全面依法治国的大背景下，法治政府必须同步进行，行政审判的重要价值之一便是实现“把权力关进笼子里”，对权力形成制约。行政审判最重要的职能是依法化解官民矛盾，推进依法行政，促进法治国家建设。行政审判监督行政权的目的在于防止权力滥用，保护权利不受侵犯，平衡强势的权力与弱势的权利。本案中，历城市场监管局在接到举报以后，依法对龙田公司进行调查，发现该公司有在住所以外进行经营的不当行为，并认为原告的行为违反了《通知》的规定，应当对其进行处罚以规范电影市场秩序。但是，《通知》并非法律、法规或者规章，无权设定行政处罚，历城市场监管局显然不能依《通知》作出行政处罚，因此，历城市场监管局应当寻找行政处罚的法律依据。最终，历城市场监管局发现龙田公司的行为最类似于《电影管理条例》第五十五条中所规定的“设立新的电影放映单位”，在向相关部门——济南文广新局进行求证后，确认龙田公司的行为违反了上述规定并作出了行政处罚。二审法院的观点是，在注册场所以外的场地进行电影放映的行为不能解释为“设立新的电影放映单位”，历城市场监管局依《电影管理条例》第五十五条规定作出行政处罚本质上是进行了类推适用，即将未获得许可“在住所外的

场地进行电影放映”类推适用了未获得许可“设立新的电影放映单位”的法律规定。历城市场监管局作出行政处罚之目的虽然是为了更好地履行市场管理职责，但其以类推适用的方法自行扩大了法律的适用范围，扩张了行政权力并对龙田公司的权利造成了侵害。对于历城市场监管局作出的行政处罚，行政复议机关予以维持，如果法院不予撤销，则龙田公司必须依法履行缴纳罚款的义务，否则，龙田公司将被强制执行。如此严厉的制裁显然超出了龙田公司依据现行法律规定所能预测的法律后果，也明显违反过罚相当的行政处罚原则。随着法治中国的深入，行政审判理念应向更加注重保护当事人合法权益，更加注重公共利益的维护，更加注重行政审判的公正性，更加注重行政审判推动法治政府的方向发展。[①] 二审法院对历城市场监管局作出的行政处罚的实质合法性进行了严格审查并最终予以撤销，充分发挥了行政审判对于行政权力的监督作用，保护了相对人的合法权益，符合行政审判新的发展理念。

（**一审法院合议庭成员** 王文芳 袁 敏 于 倩
二审法院合议庭成员 张振明 张启胜 曹 磊
编写人 山东省济南市中级人民法院 曹 磊
责任编辑 韩德强
审稿人 王振宇）

① 王敬波：《行政审判理念变化的微观镜像》，载《人民法院报》2018年9月19日。

四、域外撷英

编者按　域外撷英专栏选择国外及港澳台地区法院的少量名判进行评析或作简要介绍，以期开阔读者视野，汲取域外裁判精华。

欧盟法院 Uber 案[①]

——优步应作为运输公司接受管理

译者按

2017 年 12 月 20 日，欧盟法院判决优步（Uber）提供的打车应用并非属于信息社会的电子中间服务，而是交通运输服务，确立了优步通过打车软件提供中间服务的行为应由“运输领域”法律调整的规则。

早在 2015 年 8 月 7 日，西班牙巴塞罗那第三商业法庭根据《欧洲联盟运行条约》（TFEU）第 267 条之规定，就职业出租车司机协会诉西班牙优步有限公司（Asociación Profesional Élite Taxi v Uber Systems Spain, S. L.）案件的法律适用问题，提请欧盟法院进行初步裁决。双方当事人与西班牙、芬兰、法国、希腊、爱尔兰、荷兰、波兰等国政府以及欧盟委员会、欧洲自由贸易联盟监察委员会均向欧盟法院提交了书面意见。除希腊政府外，上述政府、机构以及爱沙尼亚政府还派员出席了欧盟法院在 2016 年 11 月 29 日举行的听证会。

作为新兴事物，网约车平台运行者究竟属于信息社会的中间服务提供者还是属于交通运输企业，涉及合同法、侵权法、竞争法、消费者权益保护法和劳动法等领域的一系列重要法律问题。本文对这一判决要点进行编译，分析欧盟法院如何解释这一重要法律问题。

一、案情介绍

西班牙优步有限公司及其相关公司（统称优步）通过智能手机应用程序

---

① Asociación Profesional Élite Taxi v Uber Systems Spain, S. L., C－434/15，本案于 2017 年 12 月 20 日裁判。

的付费服务，将使用自有汽车的非职业司机与希望在城市出行的人士相连接，从而促成交易，从中索取报酬，但该运营未获得当地政府的任何行政许可或授权。当地出租车司机协会认为，优步应当与出租车企业一样，接受相同的监管；西班牙优步公司在未取得西班牙出租车行业行政许可的情况下提供出租车服务的行为，违反了西班牙的相关竞争法规定，构成不正当竞争。

2014 年 10 月 29 日，职业出租车司机协会向巴塞罗那第三商业法庭提起诉讼，请求法院判决优步违反西班牙不正当竞争法，优步的行为属于误导性做法和不正当竞争的商业行为；责令优步停止其不公平行为，包括停止支持优步集团内的其他公司通过移动设备网络提供按需预订服务；禁止优步今后再从事此类行为。

二、西班牙国内法院的初裁请求

巴塞罗那第三商业法庭认为，尽管优步是在西班牙开展经营活动，但该经营活动是与一个国际性平台相链接，因此，从欧盟层面评判该公司的行为具有正当的理由。

巴塞罗那第三商业法庭指出，优步为非职业司机提供软件工具——服务界面，这些司机与希望在城市出行并且能够通过该软件应用程序申请服务的人士相联系。优步此类行为的目的在于营利。无论是西班牙优步公司，还是相关非职业司机，都未获得巴塞罗那都市地区关于提供出租车服务相关条例所要求的许可或授权。

为了明确优步的做法是否可被视为违反西班牙不正当竞争法的不公平行为，巴塞罗那第三商业法庭认为，首先有必要确定优步公司是否需要获得事前行政许可。为此，应当确定优步提供的服务究竟属于运输服务，还是信息社会服务，或是两者兼而有之。毕竟，是否需要获得事前的行政许可，取决于该经营行为在法律上的分类。假如系争服务属于欧洲议会和欧盟理事会 2006 年 12 月 12 日关于欧盟内部市场服务业的第 2006/123/EC 号指令（已下简称《内部市场服务业指令》）或者欧洲议会和欧盟理事会 1998 年 6 月 22 日关于制定技术标准和规章领域内信息供应程序的第 98/34/EC 号指令（以下简称《技术标准与规章指令》）① 所涵盖的范围，优步的行为则不能被视为不正当竞争行为。

① 欧洲议会和欧盟理事会 1998 年 7 月 20 日第 98/48/EC 号指令对此进行了修订。

初步裁决的请求并不涉及事实要件，而只涉及该服务在法律分类上的争议。因此，巴塞罗那第三商业法庭决定在诉讼程序中将下列争议问题提交欧盟法院进行初步裁决：

1. 由于《内部市场服务业指令》第2条第2款（d）项将运输活动排除在该指令的适用范围之外，西班牙优步公司通过对信息技术资源的处理，也就是优步所称的“智能手机和技术平台”界面及软件应用程序，使双方能够互联并以营利为目的提供服务，属于汽车所有者与希望在城市内出行的人士之间的一种中间服务，这种行为应当仅被认定为交通运输服务，还是应当被视为《技术标准与规章指令》第1条第2款所定义的电子中间服务或信息社会服务？

2. 在确定此类行为的法律性质时，是否可以认为它部分是“信息社会服务”？如是，电子中间服务是否应当受欧盟法——《欧洲联盟运行条约》第56条、《内部市场服务业指令》以及欧洲议会和欧盟理事会2000年6月8日关于欧共体内部市场的信息社会服务尤其是电子商务的若干法律方面的第2000/31/EC号指令（以下简称《电子商务指令》）——所确立的自由提供服务原则的保护？

3. 如果西班牙优步公司提供的服务不属于运输服务，而是属于《内部市场服务业指令》所涵盖的情形，那么，西班牙在1991年1月10日通过实施的第3/1991号不正当竞争法第15条是否与《内部市场服务业指令》相矛盾？尤其是第9条规定的营业自由原则及授权计划，即当由成员国国内法或具体法律条款对获得营业执照、授权或许可的计划予以规范时，不得以任何方式限制或存在比例失当。如对此不加以考虑，是否可能会不合理地阻碍营业自由原则？

4. 如果确认《电子商务指令》适用于西班牙优步公司提供的服务，则一个成员国对另一个成员国所提供电子中间服务的自由的限制，即通过要求服务须获得授权或许可的形式，或者适用国内反不正当竞争立法的规定采取禁止令的形式禁止提供电子中间服务，是否构成《电子商务指令》第3条第4款所规定的可采取不同于第3条第2款的合法减损措施？

三、欧盟法院的审理

（一）管辖争议

职业出租车司机协会主张，优步所提供的服务的法律分类不属于欧盟法院管辖范围，因为确定该分类需要就事实问题作出判断。在此情况下，欧盟法院无权就前述问题作出裁决。

关于本案的管辖权，巴塞罗那第三商业法庭已经明确说明，在诉讼主程序中本案争议问题仅涉及系争服务的法律分类，而不涉及对争议事实的调查或评价。就巴塞罗那第三商业法庭所查明的事实在欧盟法层面的分类，涉及对欧盟法律的解释。根据《欧洲联盟运行条约》第267条确立的程序，欧盟法院拥有初步裁决权。[①] 因此，欧盟法院有权对上述提及的问题作出先行裁决。

（二）实体审理

其实，巴塞罗那第三商业法庭提出的第一和第二个争议问题应当一并考虑。《欧洲联盟运行条约》第56条、第58条第1款、欧盟《内部市场服务业指令》第2条第2款、《技术标准与规章指令》第1条第2款〔也即《电子商务指令》第2条（a）项所指内容〕，这些规定是否应当照此理解：诸如本案系争的中间服务，以营利为目的地通过手机应用程序的方式将使用自有汽车的非职业司机与希望在城市出行的人士相连接，这种服务被归类为《欧洲联盟运行条约》第58条第1款所指的“运输领域的服务”，因而不适用《欧洲联盟运行条约》第56条、欧盟《内部市场服务业指令》以及《技术标准与规章指令》？或恰恰相反，即该项服务由《欧洲联盟运行条约》第56条、欧盟《内部市场服务业指令》以及《技术标准与规章指令》调整规制？

在此方面，应当指出的是，将使用自有车辆的非职业司机与希望在城市内出行的人士连接起来的中间服务原则上是与通过车辆将人员或货物从一个地方转移到另一个地方的运输服务行为相独立的服务行为。此外，正如巴塞罗那第三商业法庭所认为的那样，将此两项服务分开来看，确实会与不同的指令或者《欧洲联盟运行条约》关于提供服务自由的条款相关联。

因此，通过智能手机应用程序在乘客和使用自有汽车提供运输的非职业司机之间传递预约交通服务信息的中间服务，原则上符合《技术标准与规章指令》第1条第2款和《电子商务指令》第2条（a）项规定的“信息社会服务”这一分类标准。根据《技术标准与规章指令》第1条第2款的定义，这种中间服务是“应接受服务者个人的要求，通过电子方式远程提供的所有有偿的服务”。相反，非城市公共交通服务，例如出租车服务，应当被归类为

① Banif Plus Bank，C－312/14。

《内部市场服务业指令》第2条第2款（d）项所指的“运输领域的服务”。[①]

然而，应当注意的是，本案涉及的服务不仅仅是通过智能手机应用程序将使用自有汽车的非专业驾驶员与希望在城市出行的人士连接起来的一项中间服务。

诚如巴塞罗那第三商业法庭所考虑的，当非职业司机使用自有车辆将乘客送至目的地，该项中间服务同时包括了城市交通运输服务。具体而言，通过类似本案涉及的手机应用程序等软件工具，以及希望接受要约以在城市出行的人们在软件工具上的操作申请，使得城市交通运输服务“一点即达”。

在此，根据法院已有的证据材料，优步提供的中间服务仅针对使用自有汽车的非职业司机。优步给这些司机提供一项应用程序，如果没有这个应用，非职业司机无法提供交通运输服务，希望在城市出行的人们也无法享用那些非职业司机提供的服务。此外，优步对这些司机在何种条件下提供服务具有决定性影响，尤其体现在以下方面：优步至少能够通过竞价申请的模式确定最高价格；优步先从客户那里收取服务费，然后将部分支付给那些非职业司机；优步还对车辆品质、司机及其行为规范进行一定管理，在特定情形下，优步将不再为其提供中间服务。

因此，这种中间服务必须被认为构成了整项服务的主要组成是交通运输服务不可分割的一部分。所以，该服务不能被归类为《技术标准与规章指令》第1条第2款、《电子商务指令》第2条（a）项所指的“信息社会服务”，而应当属于欧盟《内部市场服务业指令》第2条第2款（d）项所定义的“运输领域的服务”。这一分类事实上也被欧盟法院的判例所确认。“运输领域的服务”这一概念，不仅包括运输服务本身，还包括任何将人员或货物在物理上从一地运输到另一地的行为具有内在联系的任何服务。[②] 因此，《电子商务指令》不适用于本案系争的中间服务。此类服务一旦被归类为“运输领域的服务”，则亦不适用欧盟内部市场服务业指令，因为这类服务明确地被排除在《内部市场服务业指令》第2条第2款（d）项的适用范围之外。

此外，鉴于系争中间服务应被归类为“运输领域的服务”，因此，其不适用《欧洲联盟运行条约》第56条关于提供服务自由的一般性规定，而应适用《欧洲联盟运行条约》第58条第1款的特别规定，即“在运输领域提供服务

---

① Trijber and Harmsen, C－340/14 and C－314/14。

② Grupo Itevelesa and Others, C－168/14。

的自由，由与运输有关的一编中的条款予以规定”。[①] 因此，根据《欧洲联盟运行条约》，必须通过实施共同运输政策贯彻服务自由这一原则。

但是，需要指出的是，非城市公共交通服务以及与此存有内在联系的服务，就像优步所提供的中间服务，并不会导致欧洲议会和欧盟理事会制定相关共同运输政策或者基于《欧洲联盟运行条约》第 91 条第 1 款的规定采取其他措施。

因此，按照欧盟法的现有规定，诸如本案系争的中间服务应当由成员国根据《欧洲联盟运行条约》的一般规定设置相应的管理事项。

综上，关于第一、第二个争议问题，欧盟法院认为：根据《欧洲联盟运行条约》第 56 条、第 58 条第 1 款以及欧盟《内部市场服务业指令》第 2 条第 2 款（d）项、《技术标准与规章指令》第 1 条第 2 款，也就是《电子商务指令》第 2 款（a）项所指的，诸如本案系争的中间服务，通过智能手机应用程序将使用自有汽车的非职业司机和希望在城市出行的人士连接起来，并以营利为目的的这种中间服务应当被理解为与交通运输具有内在联系的服务。据此，其应当被归类为《欧洲联盟运行条约》第 58 条第 1 款所定义的“运输领域的服务”。故此项服务并不适用《欧洲联盟运行条约》第 56 条、欧盟《内部市场服务业指令》以及《电子商务指令》。

鉴于对第一和第二个争议问题的答复，法院无需再回复第三个和第四个争议问题，因为后两个争议问题是建立在该中间服务适用欧盟《内部市场服务业指令》和《电子商务指令》的假设上。

四、欧盟法院的判决主文

基于上述理由，欧盟法院大审判庭（Grand Chamber）判决如下：

综合《欧洲联盟运行条约》第 56 条、第 58 条第 1 款以及欧洲议会和欧盟理事会 2006 年 12 月 12 日关于欧盟内部市场服务业的第 2006/123/EC 号指令第 2 条第 2 款（d）项、欧洲议会和欧盟理事会 1998 年 6 月 22 日关于制定技术标准和规章领域内信息供应程序的第 98/34/EC 号指令第 1 条第 2 款，欧洲议会和欧盟理事会 1998 年 7 月 20 日的第 98/48/EC 号指令对此进行了修订，同时也是欧洲议会和欧盟理事会 2000 年 6 月 8 日关于欧共体内部市场的信息社会服务尤其是电子商务的若干法律方面的第 2000/31/EC 号指令第 2 条第

① Yellow Cab Verkehrsbetrieb，C－338/09。

（a）项所指的，应当认为，诸如本案系争的这种通过智能手机应用程序将使用自有汽车的非职业司机与希望在城市出行的人们连接起来并以营利为目的中间服务，应当被认为是与交通运输具有内在联系的服务。据此，应当被归类为《欧洲联盟运行条约》第58条第1款所定义的“运输领域的服务”。故此项服务不适用《欧洲联盟运行条约》第56条、欧盟《内部市场服务业指令》和《电子商务指令》。

（**译者** 华东政法大学 戚丽萱

上海市第一中级人民法院 何 建

责任编辑 高 尚）

《人民法院案例选》通讯编辑

北京市高级人民法院　刘书星　刘晓虹　赵　彤
天津市高级人民法院　王　婧　孙　伟
河北省高级人民法院　王　佳
山西省高级人民法院　马云跃
内蒙古自治区高级人民法院　梁　宏　焦日清
辽宁省高级人民法院　周文政
吉林省高级人民法院　刘国春　刘洪颖
黑龙江省高级人民法院　刘芳百
上海市高级人民法院　牛晨光
江苏省高级人民法院　吕　娜　孙烁犇
浙江省高级人民法院　杨　治
安徽省高级人民法院　吴　婧
福建省高级人民法院　刘　光
江西省高级人民法院　郭　嘉
山东省高级人民法院　徐清霜　芦　强
河南省高级人民法院　郭宇凌
湖北省高级人民法院　宋森军
湖南省高级人民法院　童飞霜
广东省高级人民法院　文靖之
广西壮族自治区高级人民法院　赵元松
海南省高级人民法院　李周伟
重庆市高级人民法院　游中川　吴雨亭
四川省高级人民法院　杜玉兰　金　晶

贵州省高级人民法院　尤　媛
云南省高级人民法院　郑天柱
西藏自治区高级人民法院　杨庭轶
陕西省高级人民法院　常媛媛　杨新斌
甘肃省高级人民法院　刘吉旭
青海省高级人民法院　孙启英
宁夏回族自治区高级人民法院　吴培渊　杨　莹
新疆维吾尔自治区高级人民法院　马小菊
解放军军事法院　徐占峰
新疆维吾尔自治区高级人民法院生产建设兵团分院　王　琼
石家庄市中级人民法院　王红岩
太原市中级人民法院　张玉森
沈阳市中级人民法院　田　震
大连市中级人民法院　侯德强
长春市中级人民法院　赵　璐
哈尔滨市中级人民法院　周　磊
南京市中级人民法院　王　静
南通市中级人民法院　沈　扬
无锡市中级人民法院　周耀明
徐州市中级人民法院　葛　文
杭州市中级人民法院　邓兴广
宁波市中级人民法院　袁玮玮
合肥市中级人民法院　张小春
福州市中级人民法院　陈学凯
厦门市中级人民法院　陈荣炜
南昌市中级人民法院　陈　健
济南市中级人民法院　赵　雯
青岛市中级人民法院　傅庆涛
东营市中级人民法院　延　颜
郑州市中级人民法院　朱世鹏
武汉市中级人民法院　柯昌洁
宜昌市中级人民法院　黄金波
长沙市中级人民法院　胡冬华

广州市中级人民法院　王龙飞　林健涛
深圳市中级人民法院　丁业强
南宁市中级人民法院　周传明
海口市中级人民法院　崔玉坤
成都市中级人民法院　郝廷婷
泸州市中级人民法院　胡　艳
贵阳市中级人民法院　施辉法
昆明市中级人民法院　冯丽萍
拉萨市中级人民法院　王　静
西安市中级人民法院　高　伟
兰州市中级人民法院　鲁千晓
西宁市中级人民法院　潘　伟
银川市中级人民法院　周志胜
天津海事法院　董丽娟
上海海事法院　英振坤
广州海事法院　付俊洋
宁波海事法院　史红萍
青岛海事法院　张　静
厦门海事法院　吴海燕
武汉海事法院　王建新
大连海事法院　刘铁男
北海海事法院　邱德平
海口海事法院　刘本荣

（各法院通讯编辑若有变动，请及时告知中国应用法学研究所，电话：010－67555922　次晓宇　邮箱：rmfyalx@126.com）